시작하며
: '독'이란 무엇일까?

　우리 주변에는 여러 종류의 독이 있습니다. 뱀, 전갈, 벌처럼 물리거나 쏘이면 목숨이 위험한 것부터, 쐐기풀이나 옻나무처럼 가렵고 부어오르는 가벼운 증상을 가져오는 것까지 다양하지요. 하지만 모든 독이 위험한 것은 아니에요. 어떤 독은 아주 적게 쓰면 약이 되기도 하고, 술처럼 즐겨 마시는 음료의 원료가 되기도 합니다. 또한, 먹이사슬을 따라 독이 점점 더 쌓여 예상치 못하게 독에 중독되는 경우도 생길 수 있어요.
　우리가 살고 있는 세상은 독으로 가득 차 있다고 해도 지나친 말이 아니에요. 모든 생물은 독이라는 위협 속에서 살아남기 위해 독을 피하거나 오히려 이용하는 방법으로 진화해 왔답니다.
　2022년 겨울부터 2023년 봄까지 국립과학박물관에서 개최된 '독' 특별전은 40만 명이 넘는 관람객들의 발길을 사로잡으며, 독에 대한 사람들의 뜨거운 관심을 잘 보여 주었어요. 독은 무섭지만 동시에 호기심을 자극하는 매력적인 존재입니다. 이 책에서는 독에 대한 정확한 이해를 바탕으로, 우리 주변의 독과 함께 살아가는 방법을 탐구하고자 합니다. 독이 가득한 세상에서 우리는 어떻게 살아가야 할까요? 이 책과 함께 흥미진진한 독의 세계로 떠나 보세요.

 독에 대해 부정으로 생각하거나, 독을 가진 생물을 두려워하는 사람들도 많아요. 하지만 독도 생물들이 우연히 얻게 된 생존 수단 중 하나랍니다. 세상에 있는 수많은 독을 통해 생물의 신비함을 알아주신다면 감사하겠습니다.

일본 국립과학박물관 호소야 쓰요시(식물 연구부장)

차례

시작하며: 독이란 무엇일까? · · · · · · · · · · · · 2

제1장
독이 뭐예요? · 8
어떤 게 독이에요? · · · · · · · · · · · · · · · · · 10
독은 모든 생물에게 통하나요? · · · · · · · · · 12
알레르기와 감염 · · · · · · · · · · · · · · · · · · 14
독에는 어떤 종류가 있어요? · · · · · · · · · · 16
생물에게 독이 있는 이유는 무엇일까요? · · · 18

제2장
파충류 · 양서류의 독 · · · · · · · · · · · · · · 20
물소를 쓰러뜨리는 독 **코모도왕도마뱀** · · · 22
의외로 먹이를 잡을 때는 쓰지 않는 독 **멕시코독도마뱀** · · 24
뱀을 잡아먹는 독 **킹코브라** · · · · · · · · · · · 26
적에게 내뿜는 독 **독화살코브라** · · · · · · · · 28
물고기 같은 코브라의 독 **에라부바다뱀** · · · 30
근육을 녹이는 독 **반시뱀** · · · · · · · · · · · · 32
역할이 다른 두 종류의 독 **유혈목이** · · · · · 34
귀에서 발사하는 독 **사탕수수두꺼비** · · · · · 36
척추동물의 독 중 가장 강한 독 **황금독화살개구리** · · 38
머리 돌기에서 나오는 독 **그리닝스개구리** · · 40
배를 드러내서 강조하는 독 **일본얼룩배영원** · · 42
독에 맞서요! · 44

제3장
곤충 · 거미 · 지네의 독 · · · · · · · · · · · · 48
푹신푹신한 털에 숨은 독 **플란넬나방** · · · · · 50

4

입으로 찔러 넣는 독 **도르니왕침노린재** · · · · · · · · 52
더듬이 끝에서 나오는 독 **흰다리전갈하늘소** · · · · · · 54
부드러운 몸에서 나오는 독 **청가뢰** · · · · · · · · · 56
빛을 내며 경고하는 독 **꽃반딧불이** · · · · · · · · · 58
엉덩이에서 뿜어내는 고열의 독 **폭탄먼지벌레** · · · · · 60
벌 독의 진화 · · · · · · · · · · · · · · · · · 62
한 마리가 몇 번이고 물어뜯는 위험한 독 **진드기** · · · · · 68
꼬리 끝에서 나오는 독 **애리조나나무껍질전갈** · · · · · 70
움직이지 못하게 몸을 마비시키고 녹이는 독 **애어리염낭거미** · 72
시큼한 냄새가 나는 독 **아마미식초전갈** · · · · · · · 74
발톱에서 나오는 독 **아마존왕지네** · · · · · · · · · 76
마디 사이에서 나오는 독 **쇼킹핑크드래곤노래기** · · · · · 78
독을 과시하는 생물 · · · · · · · · · · · · · · 80

제4장

어류의 독 · · · · · · · · · · · · · · · · · · 84
물고기 중에서 가장 무서운 가시독 **스톤피시** · · · · · · 86
하늘하늘한 지느러미 속에 든 독 **쏠배감펭** · · · · · · 88
똘똘 뭉쳐 자신을 보호하는 독 **쏠종개** · · · · · · · · 90
먹으면 맛있지만 독 **밀복** · · · · · · · · · · · · 92
설사가 멈추지 않는 독 **기름치** · · · · · · · · · · 94
회로 먹을 수 없는 독 **뱀장어** · · · · · · · · · · · 96
모래나 진흙에 숨은 독 **노랑가오리** · · · · · · · · · 98
독은 맛있을까? · · · · · · · · · · · · · · · 100

제5장

해파리·조개·게의 독 · · · · · · · · · · · · 104
건드리기만 해도 발사하는 독 **호주상자해파리** · · · · · 106
낚싯줄에 스며들어 있는 독 **작은부레관해파리** · · · · · 108
신장을 파괴하는 독 **세모니장식말미잘** · · · · · · · 110
무수한 가시에서 나오는 독 **악마불가사리** · · · · · · 112
침에서 나오는 독 **파란선문어** · · · · · · · · · · 114

물고기를 잡는 독 **대보초청자고둥** ・・・・・・・116
지역에 따라 다른 독 **매끈이송편게** ・・・・・・・118
누구의 독이 가장 강할까? ・・・・・・・・・・120

제6장

식물・버섯・미생물의 독 ・・・・・・・・・124
뭔가 사건의 냄새가 나는 독 **투구꽃** ・・・・・・126
소도 죽이는 독 **협죽도** ・・・・・・・・・・・128
소화가 안 되는 독 **유칼립투스** ・・・・・・・・130
빛을 받으면 생기는 독 **큰멧돼지풀** ・・・・・・132
일상에 숨은 독 **감자** ・・・・・・・・・・・・134
꽃가루 알레르기를 일으키는 독 **삼나무** ・・・・136
닿기만 해도 위험한 독 **붉은사슴뿔버섯** ・・・・138
여러 가지 독버섯 ・・・・・・・・・・・・・140
물고기의 몸에 쌓이는 독 **감비에르디스쿠스** ・・144
몸 밖으로 버려지는 독 **보툴리누스균** ・・・・・146
약이 되는 독・・・・・・・・・・・・・・・148

제7장

포유류・조류의 독 ・・・・・・・・・・・・152
결투에 사용하는 독 **오리너구리** ・・・・・・・154
커다란 동물도 잡을 수 있는 독 **북부짧은꼬리땃쥐** ・・・156
피가 멈추지 않는 독 **흡혈박쥐** ・・・・・・・158
섞어서 사용하는 독 **늘보원숭이** ・・・・・・・160
엉덩이에서 내뿜는 독 **줄무늬스컹크** ・・・・・162
새에게선 처음으로 발견된 독 **두건피토휘** ・・・164
화석에서 발견된 독 **시노르니토사우루스** ・・・166
생물 이외의 독 ・・・・・・・・・・・・・168

마치며: 독의 진화・・・・・・・・・・・・・172

이 책을 보는 방법

독의 세계를 엿볼 준비가 됐나?

본문 구성

공격·방어
독을 공격할 때 쓰는지, 방어할 때 쓰는지를 표시했어요.

생물의 이름
기본적으로 각 생물의 이름을 적었지만, 일부는 무리의 이름을 표시했어요. 위의 알파벳은 학명이에요.

보충설명
더 알고 싶은 친구를 위해 더 자세한 정보를 소개했어요.

요약
독버섯 캐릭터의 개인적인 경험과 의견을 적었어요.

독 레벨

데이터
분류: 어떤 생물과 같은 무리인지 강 〉 목 〉 과로 표시했어요.
크기: 생물의 길이예요. 전체 길이(머리부터 꼬리 끝까지), 몸길이(머리부터 꼬리 시작 부분) 등 생물의 종류에 따라 표시하는 부위가 달라요.
분포: 이 생물이 사는 대략적인 지역
먹이: 이 생물이 먹는 것

독 레벨

모든 독이 위험한지 아닌지는 용량의 문제예요.

이 책에서는 이것을 감안해서 독 레벨을 아래와 같이 해골(☠) 모양으로 표시했어요. 독 자체의 강도뿐만 아니라, 독이 있는 것에 찔리거나 독을 먹었을 때의 위험도도 함께 평가했어요.

※ 독 레벨이 높아도, 먹지만 않으면 위험하지 않은 것도 많아요. 예를 들어 레벨 5의 붉은사슴뿔버섯을 먹으면 죽을 수도 있지만, 살짝 건드린 정도라면 위험도가 매우 낮아져요.

Lv. 5 ☠☠☠☠☠	죽을 가능성이 크다.
Lv. 4 ☠☠☠☠	죽는 사람도 드물게 있다.
Lv. 3 ☠☠☠	증세는 심각하지만 죽지는 않는다.
Lv. 2 ☠☠	불쾌한 상태가 얼마 동안 이어진다.
Lv. 1 ☠	증세가 가볍고 짧은 시간 내에 사라진다.
Lv. ?	알 수 없다.

뭐예요?

여러 가지 생물의 독에 관해 설명하기 전에 먼저 독이 무엇인지, 어떤 종류의 독이 있는지 함께 알아봐요. 그중에는 독인데 독이 아닌 것도 있고, 독이 아닌데 독이 되는 것도 있답니다. 이게 무슨 말이냐고요? 다음 장을 넘겨 보세요!

💀 어떤 게 독이에요?

'독'이라는 건 대체 무엇일까요? 예를 들어, 독을 가진 곤충은 몸집이 작아도 인간에게 커다란 해를 입힐 수 있어요. 독이 강하면 적은 양으로도 큰 효과가 있기 때문이지요. 조금 먹으면 별문제가 없지만 많이 먹으면 독이 되는 것도 있어요.

비타민은 건강을 지키는 데 필요한 영양소예요. 하지만 비타민 중에는 너무 많이 먹으면 독이 되는 것도 꽤 있어요. 예를 들어 비타민 A가 부족하면, 눈이 잘 보이지 않거나 뼈와 이가 잘 만들어지지 않아요. 하지만 너무 많이 먹으면 머리가 아프고 토하게 되며, 온몸의 피부가 벗겨져 심하면 목숨을 잃기도 하지요.

또, 우리의 몸은 소금을 필요로 해요. 여름에 땀을 너무 많이 흘리면 염분이 부족해져 몸이 경련을 일으키기도 하지요. 하지만 한 번에 소금

독이라고 해서 다 찌르는 것만 있는 건 아니라고!

깊고 심오한 독의 세계에 온 것을 환영해.

180g(간장은 1리터)을 섭취하면 몸무게가 60kg인 어른도 죽을 수 있어요.

  수돗물에는 아주 적은 양의 염소 소독 성분이 들어 있어요. 덕분에 수돗물 속에서 세균이 번식하지 못해 안전하게 물을 마실 수 있지요. 하지만 세균을 죽일 정도로 강한 염소 성분은 사람에게도 약간 독과 같은 효과를 낸답니다.

  염소 소독을 하지 않은 물이라도 한꺼번에 지나치게 많이 마시면 죽을 수도 있어요. 실제로 미국에서는 〈소변 참고 물 마시기 대회〉에서 6리터 이상의 물을 한꺼번에 마신 여성이 '*물 중독'으로 죽는 사고가 발생하기도 했지요.

  결국 독성, 즉 독의 성질은 다양한 물질에 들어 있으며, 어떤 물질이 독인지 아닌지는 그 양에 따라 달라진다고 할 수 있어요.

---

* 물 중독: 체액에 물이 지나치게 많이 섞여 의식을 잃거나 몸이 경련하는 등의 증상이 나타나는 것을 말해요.

11

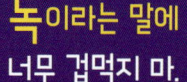

독이라는 말에 너무 겁먹지 마.

☠ 독은 모든 생물에게 통하나요?

기린, 장수풍뎅이, 조개, 송이버섯, 해바라기 등 생물은 종에 따라 생김새뿐만 아니라 몸속 구조도 완전히 달라요. **어떤 것이 독이 되는지는 종류에 따라 다르답니다.**

개나 고양이를 키우는 사람이라면, 사람이 맛있게 먹는 초콜릿이나 아보카도가 개와 고양이에게는 독이 된다는 것을 잘 알 거예요. 거의 모든 거미가 독을 이용하여 사냥하지만, 그들의 먹이는 주로 곤충과 같은 절지동물이에요. 포유류에게도 효과가 있는 독을 가진 거미는 많지 않아요.

몸의 크기도 중요한 요소예요. 예를 들어, 쥐는 사람과 같은 포유류이므로 독에 대한 반응이 비슷하지만, 몸집이 작기 때문에 사람보다 적은 양의 독에도 더 민감하게 반응해요. 이렇게 어떤 물질이 얼마나 강한 독성을 가지고 있는지, 즉 **특정한 양의 독에 노출되었을 때 개체의 절반이 죽는지를 나타내는 지표가 있어요.** 바로 '반수 치사량(LD_{50})'이에요.

연구 시설에서 기르는 실험용 쥐에게 조금씩 독성 물질을 집어넣고, 쥐의 절반이 죽는 데 필요한 양을 측정하여 반수 치사량으로 정해요. 같은 종의 생물이라도 개체마다 독성에 대한 저항력이 다르기 때문에, 개체의 50%가 죽는 양을 평균적인 *치사량으로 보는 거예요.

이처럼 우리가 일반적으로 '독'이라고 할 때는 '사람에게' 매우 적은 양으로도 치명적인 해를 입힐 수 있는 물질을 의미해요. 물이나 초콜릿은 일반적으로 독이라고 부르지 않지만, "초콜릿은 개에게 독이다."라고 표현할 수 있어요. 초콜릿이 개에게 치명적인 영향을 미칠 수 있기 때문이에요.

*치사량: 어떤 물질을 먹거나 마셨을 때 죽음에 이르게 하는 최소한의 양을 의미해요. 즉, 어떤 물질이 그 양만큼 체내에 들어가면 죽을 수도 있다는 뜻이지요. 쥐와 사람은 독성 물질에 대한 반응이 완전히 똑같지는 않지만, 이 책에서는 어른 남성의 몸무게를 60kg으로 가정하고, LD_{50} 값에 60을 곱하여 어른의 치사량을 추정했어요.

생물의 종류와 크기에 따라 독의 효과가 달라져.

알레르기와 감염

독 중에서도 작용하는 방식이 조금 다른 것이 알레르기 물질이에요. 주변에서 견과류, 메밀가루, 우유, 소나무 꽃가루 등을 먹거나 만지면, 피부가 가렵거나 두드러기가 생기고 숨이 차는 사람이 있을 거예요.

이러한 현상을 '알레르기 반응'이라고 하며, 이것은 우리 몸을 보호하는 기능인 '면역'이 지나치게 반응하여 나타나는 비정상적인 반응이에요.

원래 면역 시스템은 몸속으로 침입한 바이러스나 세균과 같은 유해 물질을 공격하여 우리 몸을 보호하는 역할을 해요. 하지만 어떤 사람들은 면역 체계가 특정 물질에 민감하게 반응하는 알레르기 반응을 일으키기도 하지요.

보기만 해도 코가 근질근질하지 않아?

알레르기 반응을 일으키는 정도는 사람마다 차이가 있어.

 알레르기 반응 중에서도 온몸에 심각한 증상이 나타나는 것을 '아나필락시스 쇼크'라고 해요. 벌이나 말벌의 독은 아나필락시스 쇼크를 일으킬 가능성이 높으며, 특히 두 번째 이상 쏘였을 때 증상이 나타나는 경우가 많아요. 하지만 사람에 따라 여러 번 쏘여도 큰 반응을 보이지 않는 경우도 있어요. 즉, 알레르기 반응은 사람마다 차이가 매우 커요.

 얼룩날개모기에게 물려 발생하는 말라리아나 쥐벼룩을 통해 감염되는 페스트는 마치 독성 물질에 중독되는 것과 같은 증상을 나타내요. 하지만 이러한 질병은 말라리아 원충이나 페스트균과 같은 미생물에 의해 발생하며, 이러한 미생물이 몸속에 들어왔다고 해서 모두 질병으로 이어지는 것은 아니에요. 미생물이 면역 체계에 의해 없어지지 않고 몸속에서 많아지면 질병이 발생하지요.

 이러한 미생물 때문에 생기는 질병을 '감염증'이라고 하며, 독에 의한 중독과는 구분돼요.

내 독은 몸이 저리고 마비되는 독이지.

💀 독에는 어떤 종류가 있어요?

독이라고 하면 보통 입으로 마셔서 피를 토하고 쓰러지는 모습을 떠올리곤 해요. 하지만 세상에는 다양한 종류의 독이 있어요. 독이 몸속으로 들어오는 경로도 입으로 마시는 것뿐만 아니라 호흡, 피부 흡수, 독침 등 다양하지요. 또한, 독이 몸에 미치는 영향도 매우 다양해요.

그중에서도 대표적인 두 가지 유형을 소개할게요.

 신경독

*신경독은 신경의 기능에 영향을 미쳐 신체 기능을 마비시키는 독을 말해요. 신경독에 중독되면 처음에는 통증을 느끼지 못할 수도 있지만(물리거나 쏘이면 아픔), 몸이 저리고 움직이기 힘들어지며, 심하면 숨 쉬기 힘들어지거나 심장이 멈춰 죽을 수도 있어요.

대표적인 예: 코브라, 독화살개구리, 복어

* 신경독: 신경독은 뇌에서 근육으로 신호를 전달하는 것과 같이 몸속의 정보 전달을 방해해요.

혈액독

뭔가에 물려 혈액독이 몸속에 들어왔을 때의 가장 큰 문제는 혈액이 굳지 않는다는 거예요. 혈액독은 혈액의 성분을 변화시켜 혈액이 굳는 것을 방해하거나 혈관을 손상시키는 독이에요.

혈액독이 몸속에 들어오면 아주 심한 통증을 불러일으키고, 혈액이 굳지 않고 계속 흘러나와 죽을 수도 있어요. 또한, 혈액 세포를 파괴하여 산소 운반 능력을 떨어뜨리기 때문에 숨이 막혀 죽을 수도 있지요. 신경독에 비해 죽는 비율은 낮지만, 살아남더라도 후유증이 남을 수 있답니다.

대표적인 예: 뱀(반시뱀), 코모도왕도마뱀 등

다른 종류의 독으로는 세포를 공격하는 세포독, 심한 설사를 유발하는 독, 환각을 보게 만드는 독 등이 있어요. 이 외에 아직까지 어떤 원리로 독성을 나타내는지 정확히 알려지지 않은 독의 종류도 많아요. 또한, 한 생물이 여러 종류의 독을 가지고 있는 경우도 많지요.

나한테 물리면 끝장이야.
피가 안 멈추거든.

☠ 생물에게 독이 있는 이유는 무엇일까요?

어떤 생물이 독을 가진다는 것은 쉬운 일이 아니에요. 다른 생물에게 해로운 독은 자신에게도 해를 입힐 수 있기 때문이지요. 따라서 독을 가진 많은 생물들은 자신이 만든 독에 해를 입지 않도록 진화해 왔어요.

그렇다면 생물들은 왜 독을 가지게 되었을까요? 그 이유는 '공격'과 '방어'라는 두 가지 측면으로 크게 나눌 수 있어요.

예를 들어 거미, 전갈, 뱀의 독은 먹이를 공격하여 제압하기 위한 거예요. 이렇듯 공격에 독을 사용하는 생물들은 먹잇감의 몸에 독을 집어넣기 위한 송곳니나 독침을 가지고 있어요. 이러한 공격용 독은 더 강력한 적에게서 자신을 보호하는 데도 사용할 수 있지요.

독으로 먹이를 잡아!

공격

몸을 지키기 위해 독을 사용해!

방어

반면에 복어나 개구리, 불가사리의 독은 적에게 잡아먹히지 않도록 자신을 보호하는 독이에요. 이러한 방어용 독은 몸의 표면이나 내부에 들어 있으며, 대부분 잡아먹혀야 효과를 발휘해요. 하지만 적이 자신을 잡아먹은 후에 토하거나, 자신은 비록 죽어도 자신의 독으로 인해 포식자가 죽으면 후손이 잡아먹히지 않을 가능성이 높아지지요. 특히, 자기 발로 움직여서 도망칠 수 없는 식물에게 독은 매우 중요한 방어 수단이에요.

이러한 독은 생물의 역사 속에서 독립적으로 진화해 온 것으로 보여요. 처음에는 독이 아주 약했더라도 이 독이 공격이나 방어에 도움이 되면 더 많은 후손을 남길 수 있고, 그 생물도 진화하게 되는 것이지요.

제 2 장

파충류·
양서류의

파충류에는 뱀, 도마뱀, 거북, 악어 등이 포함되지만, 뱀 말고는 독을 가지고 있지 않아요. 반면에 개구리, 도롱뇽, 영원 등 양서류는 대부분 독을 가지고 있답니다.

Varanus komodoensis

코모도왕도마뱀

조금씩 옥죄어 오는 스타일

물소를 쓰러뜨리는 독

방어 / 공격

커다란 사냥감은 물어뜯어서 먹어요.

독을 흘려 넣는 홈이 없어서 이빨이 튼튼하고 부러뜨리기 어려워요.

아래턱에 독을 모아 두는 주머니가 있어서, 세게 콱 물면 이뿌리에서 독이 스며 나와요.

독 레벨 ☠☠☠

- **분류:** 파충강 〉 유린목 〉 왕도마뱀과
- **크기:** 전체 길이 2.5~3.1m
- **분포:** 인도네시아(코모도섬, 플로렌스섬 등)
- **먹이:** 포유류와 파충류 등

플로렌스섬의 저 끝까지~ 너를 계속 쫓아갈 거야~♪

독을 가진 육상 동물 가운데 *몸무게가 가장 많이 나가는 코모도왕도마뱀이에요. 이 정도로 커다란 동물에게 독이 있는 것은 굉장히 드문 일이지만, 코모도왕도마뱀은 자신보다 커다란 포유류를 쓰러뜨리는 데 이 독을 쓴답니다.

물소 같은 대형 사냥감을 쓰러뜨리는 것은 매우 힘든 일이에요. 하지만 코모도왕도마뱀에게 물리면 강력한 독 때문에 상처에서 피가 멎지 않고, 그 결과 사냥감은 점점 약해져 쓰러지게 돼요. 코모도왕도마뱀은 점점 힘이 빠지는 사냥감의 뒤를 천천히 쫓기만 하면 되지요.

또, 코모도왕도마뱀이 사는 섬 중 하나인 플로렌스섬에는 수천 년 전까지 작은 코끼리가 살고 있었어요. 코모도왕도마뱀은 코끼리마저도 독으로 쓰러뜨렸을 가능성이 있답니다.

*코모도왕도마뱀의 무게는 최대 166kg까지 나가요.

코모도왕도마뱀이 독을 가졌다고 알려진 것은 비교적 최근의 일이에요. 얼마 전까지는 '코모도왕도마뱀의 입안에 세균이 잔뜩 있어서 물리면 패혈증에 걸린다'고 생각했지요. 하지만 지금은 아래턱에서 스며 나오는 독으로 다른 동물을 죽인다는 사실이 밝혀졌어요. 다른 왕도마뱀 종류에서도 같은 독이 발견되었답니다.

'코모도왕도마뱀의 입안에는 세균이 많아서 물면 사냥감이 감염돼서 죽는다'는 말이 완전히 사라진 것은 그리 오래되지 않았어. 2016년에 나온 《억울한 생물 사전》에 보면 세균설을 믿는 듯이 "코모도 도마뱀의 입안은 엄청나게 더럽다."라는 표현이 나와.

Heloderma horridum

멕시코독도마뱀

방어

의외로 **먹이**를 잡을 때는 쓰지 않는 **독**

사실은 집이 좋은 집돌이?

건조한 숲이나 사막과 같은 곳에서 서식해요.

2024년에 들어 작은 미국독도마뱀에게 물려 사람이 죽는 사례가 발생하고 있어요.

턱 힘이 강해 한번 물면 쉽게 놓지 않아요.

아래턱에 독을 모아 두는 주머니가 있어서, 세게 물면 이뿌리에서 독이 스며 나와요.

독 레벨 ☠☠☠

- **분류:** 파충강 〉 유린목 〉 독도마뱀과
- **크기:** 전체 길이 70~100cm
- **분포:** 멕시코, 과테말라
- **먹이:** 새, 새끼 도마뱀, 알 등

난 집돌이지만 한번 물면 절대 안 놓지롱~

코모도왕도마뱀에게 독이 있다는 사실이 알려지기 전까지는 멕시코독도마뱀만이 독을 가진 도마뱀으로 알려져 있었어요. 뱀은 독을 가진 종류가 많은데, 뱀과 같은 '유린목'에 속하는 도마뱀 중에는 독을 가진 종이 거의 없지요. 뱀의 독샘은 항상 위턱에 있지만, 독도마뱀의 독샘은 아래턱에 있어요. 이것은 이 독샘이 뱀과는 별개로 독자적으로 진화했다는 것을 의미해요. 또한, 독도마뱀 아래턱의 모든 이빨에는 독이 통과하는 홈이 나 있답니다.

독도마뱀의 독은 겨우 0.12g으로 사람 어른을 죽일 정도로 강력하지만, 독도마뱀에게 물려서 실제로 사람이 죽은 사례는 거의 없어요. 몸집이 큰 데 비해 독의 양이 매우 적기 때문이지요. 게다가 움직임이 느리고 공격적이지 않아서 사람을 무는 일이 거의 없답니다.

독도마뱀은 영양 상태가 좋으면 꼬리가 굵어져요. 꼬리에 영양분을 저장하기 때문이에요. 이들은 1년의 절반 정도를 차지하는 건기에는 땅속에 숨어 지내며 활동하지 않아요. 그리고 우기가 되면 다시 활동을 시작해, 새 둥지를 찾아 새의 알과 새끼를 통째로 삼키지요. 이러한 먹이를 먹기 위해 독이 필요한 것은 아니므로, 독도마뱀의 독은 먹이를 사냥하는 데는 도움이 되지 않는 것 같아요.

독도마뱀은 자기보다 작은 동물을 잡아먹기 때문에 먹이를 잡을 때 독을 쓸 일이 없어. 독도마뱀이 독이라는 강력한 무기를 갖게 된 것은 더 큰 포식자들로부터 자신을 지키고 살아남기 위한 생존 전략이었을 거야.

Ophiophagus hannah

킹코브라

뱀을 잡아먹는 **독**

내가 뱀의 왕이다!

코브라 중에는 독성이 약한 편이에요.

머리를 세워 방어하며 이동할 수 있어요.

암컷은 알 옆에 똬리를 틀고, 새끼가 알에서 나올 때까지 지켜요.

독 레벨
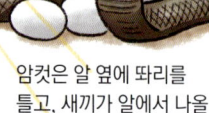

- **분류:** 파충강 > 유린목 > 코브라과
- **크기:** 전체 길이 3~5m
- **분포:** 남아시아, 동남아시아
- **먹이:** 뱀 등

왕관을 쓰려면 때로는 주변 뱀들까지 해칠 수 있는 냉혹함이 필요하지!

킹코브라는 지구상에서 독을 가진 뱀 중에 몸길이가 가장 길어요. 아나콘다나 그물무늬비단뱀처럼 거대한 뱀들은 대부분 독이 없고 먹잇감을 친친 휘감아 질식시켜 죽이는 반면, 킹코브라는 최대 몸길이가 5.85m, 몸무게 10kg이 넘는 거대한 몸집과 강력한 독을 동시에 지니고 있어요. 이 독을 이용해 먹잇감을 사냥하지요. 킹코브라의 주된 먹이는 다름 아닌 다른 뱀이에요. 독이 없는 뱀은 물론이고, 독성이 강한 인도코브라나 태국코브라도 가리지 않고 잡아먹어요. 킹코브라의 사냥 방식은 간단해요. 먹잇감의 목을 물고 강력한 독을 흘려 넣은 후, 천천히 삼켜 버리지요.

'독뱀을 먹어도 괜찮을까?'라고 생각할 수도 있지만, 코브라의 독은 입으로 들어가도 별다른 영향을 미치지 않아요. 하지만 다른 코브라에게 물려 혈관으로 독이 들어가면 코브라 자신도 죽음을 피할 수 없어요. 다만, 코브라에게는 자신이 가지고 있는 '신경독'에 대해 약간의 저항력, 즉 '내성'이 있답니다.

코브라 무리는 모두 독을 가지고 있어요. 특히 킹코브라는 몸집이 매우 커서 독의 양도 굉장히 많아요. 최대 7ml까지 나오는 킹코브라의 독은 코끼리까지 죽일 수 있을 정도로 강력해요. 성격이 온순해서 사람을 함부로 공격하지 않지만, 일단 물리면 어른도 30분 만에 죽을 정도로 위험한 뱀이랍니다.

내가 태국 시골 마을에 머물 때, 집 안으로 킹코브라가 들어온 적이 있었어. 그런데 마을 사람들은 겁을 내거나 해치려고 하기는커녕, 다정하게 내보냈단다. 아마도 킹코브라가 더 위험한 독뱀을 잡아먹으니까 소중하게 여기는 것 같아.

Hemachatus haemachatus

독화살코브라

적에게 내뿜는 독

너의 두눈에 발사 ♡

독을 뿜기 전에 위협적인 자세로 적을 압도하려고 해요.

독니에 홈이 파여 있고, 그 홈을 따라 독이 흘러

독이 나오는 구멍이 독니의 앞쪽에 있어서, 독을 강하게 뿜어내면 앞쪽으로 퍼져나가요.

- **분류:** 파충강 > 유린목 > 코브라과
- **크기:** 전체 길이 약 100cm
- **분포:** 아메리카의 남동부
- **먹이:** 두꺼비와 쥐 등

독 레벨
💀💀💀

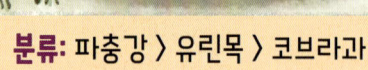

독액을 뿜는 뱀 하면 가장 먼저 떠오르는 종류야. 하지만 아프리카나 아시아에 사는 코브라 종류 중에는 검은목코브라, 붉은코브라, 태국코브라처럼 독액을 뿜는 다른 뱀들도 많이 있어.

마음속에 담아 두지 말고, 가끔은 독을 뱉어내는 것도 중요해!

독화살코브라는 독니로 먹이를 물고 독을 집어넣어 움직이지 못하게 한 후 잡아먹어요. 하지만 독의 역할은 여기에 그치지 않아요. 독화살코브라는 위협을 느끼면 2~3m 떨어진 곳까지 멀리 독액을 뿜어내 자신을 보호해요.

독화살코브라가 독을 쏠 때 주로 노리는 곳은 적의 눈이에요. 독화살코브라의 독에는 먹이의 신경을 마비시키는 '신경독' 외에도 세포를 녹이는 독까지 들어 있어서, 눈에 들어가면 앞이 안 보이게 될 수도 있어요.

또한, 독화살코브라의 독은 다른 코브라의 독에 비해 독액이 끈적이지 않고 묽어요. 마치 물총에 물 대신 끈끈한 설탕물을 넣으면 앞으로 잘 나가지 않는 것처럼, 독액이 묽어야 더 멀리 뿜어낼 수 있기 때문이지요.

독을 뿜어도 적이 도망가지 않으면, 독화살코브라는 하늘을 보고 쓰러져 입을 벌린 채 꼼짝하지 않아요. 최후의 수단인 '죽은 척하기'를 하는 거예요. 살아 있는 먹이를 노리는 포식자는 상대가 갑자기 움직이지 않으면 흥미를 잃는 경우가 많거든요. 죽은 척한다고 해서 반드시 살아남는 건 아니지만, 독화살코브라에게 이러한 행동이 유전된 것을 보면 '죽은 척하기'가 의외로 효과가 있을지도 몰라요.

Laticauda semifasciata

에라부바다뱀

공격

물고기 같은 코브라의 **독**

사실은 코브라와 친척이야.

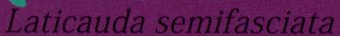

꼬리 끝은 평평해요.

뱀장어목 물고기 중에도 '○○바다뱀'이라는 이름을 가진 것이 있어 헷갈리기 쉬워요.

바다뱀은 대부분 물속에서 새끼를 낳지만, 에라부바다뱀은 해안가 자갈밭에 알을 낳아요.

가끔 육지로 올라와, 연못이나 물웅덩이의 물을 마셔요.

독 레벨 ☠☠☠

- **분류:** 파충강 〉 유린목 〉 코브라과
- **크기:** 전체 길이 70~150cm
- **분포:** 일본, 필리핀, 인도네시아 연안
- **먹이:** 물고기 등

꿈틀꿈틀~ 자, 어느 쪽이 머리일까? 틀리면 물릴지도 몰라.

바다뱀은 헤엄을 아주 잘 치며 대부분 바다에서 살아요. 꼬리 끝이 납작한 꼬리지느러미 모양으로 변형되어, 재빨리 물고기를 쫓아다니며 잡아먹지요. 게다가 맹독을 가진 코브라의 친척이기도 해요. 오키나와 바다에 사는 바다뱀도 매우 위험한 독을 가지고 있어요. 그 독은 몸을 마비시키는 '신경독'으로, 물려도 별로 아프지 않지요.

하지만 육지에 사는 뱀보다 독성이 훨씬 강해서 겨우 12mg만으로도 사람 어른을 죽일 수 있어요. 다만, 바다뱀은 성격이 온순해서 바다에서 만나더라도 먼저 건드리지만 않으면 공격하지 않아요. 게다가 크기가 1m를 넘어도 입이 작아서 사람이 물리는 경우는 매우 드물답니다.

뱀의 독은 단백질로 이루어져 있어 열을 가하면 독성을 잃어요. 그래서 일본 오키나와에서는 전통적으로 맹독성 바다뱀인 에라부바다뱀을 잡아서 식량으로 먹어 왔어요. 에라부바다뱀은 알을 낳을 때 육지로 올라오기 때문에 이때를 노려 맨손으로 잡지요. 하지만 뱀에게 물리면 죽을 확률이 60%를 넘기 때문에, 겁 없이 뱀을 잡으려고 하다가는 목숨을 잃기 쉽답니다.

*바다뱀 무리 중에는 물고기의 알을 주로 먹는 바다뱀들이 있는데, 이 뱀들은 독을 가지고 있지 않아. 그러니 바다뱀의 독은 먹이인 물고기를 얌전히 만드는 데 쓰이고, 방어에는 거의 도움이 되지 않는다고 할 수 있어.

*거북머리바다뱀속의 3종류.

Protobothrops flavoviridis

반시뱀

근육을 녹이는 독

일본에서 가장 강한 독을 가지고 있어.

오키나와에서는 집 근처에서도 나타나요.

독이 몸에 들어가면 근육이 녹아요.

입 앞쪽에 독이 있는 송곳니가 있어요. 독니는 관처럼 생겼어요.

뱀에게 물렸을 때 독의 치료제로 몸속에 뱀 혈청을 넣으면 알레르기를 일으키는 경우도 있어요.

독 레벨 ☠☠☠☠

- **분류:** 파충강 > 유린목 > 살모사과
- **크기:** 전체 길이 100~240cm
- **분포:** 일본 남서쪽 섬 지역
- **먹이:** 새, 쥐, 도마뱀 등

물리면 바로 병원에 가야 해! 만약 날 발견하면 조용히 그곳을 떠나.

　일본 본토에는 맹독성 뱀 중에서 까치살모사와 유혈목이 두 종류만 서식해요. 하지만 남서쪽 섬 지역에는 바다뱀을 빼고도 8종의 독사가 살고 있지요. 그중에서도 가장 크고 위험한 종이 바로 반시뱀이에요.

　최대 2.4m까지 자라는 반시뱀은 일본에서 가장 큰 독사예요. 독의 강도는 까치살모사의 절반 이하이지만, 몸집이 크기 때문에 독의 양이 매우 많아요. 까치살모사의 10배 정도(100~300mg)나 되는 독액을 가지고 있지요. 게다가 독니가 길어 깊이 박히고, 한번 물면 가진 독의 1/3 정도를 집어넣을 수 있어요.

　옛날부터 반시뱀에게 물려 피해를 보는 사람이 많았고, 한때는 매년 30명 가까이 반시뱀에게 물려 죽기도 했어요. 그래서 예전부터 사람들은 적극적으로 반시뱀을 없애려고 했지요. 반시뱀에게 물리면 즉시 병원에 가야 해요. 반시뱀을 발견하면 조용히 그 자리를 피하는 것이 현명하답니다.

반시뱀의 독은 동물의 몸속으로 들어가면 혈관이나 근육 등을 파괴하는 '출혈독'이에요. 반시뱀이 서식하는 지역의 병원에는 반시뱀 독 치료제가 있으므로, 물리면 가능한 한 빨리 병원에 가야 해요.

옛날에 일본에서는 반시뱀에게 물리는 사고를 줄이기 위해, 독뱀을 잡아먹는다고 알려진 몽구스를 남서쪽 섬 지역에 풀었어요. 하지만 몽구스가 뱀은 거의 잡아먹지 않고, 오히려 이 섬에서만 사는 생물들을 잡아먹는다는 사실이 드러나면서 이 계획은 대실패로 끝났어요.

Rhabdophis tigrinus

유혈목이

방어 / 공격

역할이 다른 두 종류의 독

너의 독도 사용해 주마!

두꺼비가 살지 않는 지역의 유혈목이는 목샘의 독성을 잃어요.

지난 50년 동안 유혈목이에게 물려 죽은 사람은 5명뿐이에요.

독니 길이가 2mm로 짧아서 관으로는 쓸 수 없어요.

독샘

독 레벨 ☠☠☠

- **분류:** 파충강 〉 유린목 〉 뱀과
- **크기:** 전체 길이 70~150cm
- **분포:** 일본
- **먹이:** 두꺼비 등

> 후후, 나는 독뱀계의 쌍칼이야. 공격과 방어, 둘 다 완벽하다고!

예전에 사람들은 유혈목이에게 독이 없다고 생각했어요. 유혈목이의 독니가 굉장히 작고 입 안쪽 깊숙이에 있기 때문이지요. 그래서 유혈목이에게 물려 죽는 사람은 거의 없어요.

입 안쪽에 독니가 있는 뱀을 '후아류'라고 해요. 이렇게 안쪽에 있는 독니는 포식자로부터 자신을 보호하는 데 사용하기보다는, 먹이를 먹을 때 도움이 되는 독이에요. 유혈목이는 먹이를 삼키는 도중에 얌전하게 만들기 위해 먹이의 몸속에 독을 집어넣지요.

게다가 유혈목이는 목에서 등까지 있는 '경선'에도 독이 있어요. 이 독은 스스로 만든 것이 아니라, 주로 잡아먹는 먹이인 두꺼비로부터 얻은 거예요. 유혈목이가 적에게 공격받아 목을 다치면, 그곳에서 독액이 안개처럼 뿜어져 나와 적을 쫓아낼 수 있답니다.

먹이를 물 때 사용하는 독니 이외에 방어용 독을 따로 가진 뱀은 매우 드물어요. 현재로서는 유혈목이와 그 친척들만 알려져 있지요. 이 독이 눈에 들어가면 위험하므로 유혈목이를 함부로 잡으면 안 돼요. 유혈목이 목샘의 독은 두꺼비에게서만 얻는 것은 아니에요. 중국의 유혈목이는 반딧불이의 애벌레를 먹고 독을 쌓는다고 해요.

유혈목이는 뱀과의 뱀이야. 뱀과에는 독이 있는 뱀과 독이 없는 뱀이 있는데, 독니를 가진 것은 모두 '후아류'라고 해. 뱀과의 조상 중 우연히 입 안쪽에 독니가 진화한 것이 있었고 그 자손도 같은 생김새의 독니를 물려받은 것이지.

Rhinella marina

사탕수수두꺼비

방어

귀에서 발사하는 독

귀에서 독을 내뿜어…

이빨은 하나도 없고 벌레를 통째로 삼켜요.

알과 올챙이에도 독이 들어 있어요.

피부에도 독이 있어요.

독 레벨 💀💀💀

- **분류:** 양서강 〉 무미목 〉 두꺼비과
- **크기:** 전체 길이 10~15cm
- **분포:** 북아메리카 남부, 남아메리카
- **먹이:** 곤충과 쥐며느리 등

독 발사! 그거 봐. 겁도 없이 덤비니까 그렇게 되는 거야.

사탕수수두꺼비는 세계에서 가장 크게 자라는 두꺼비예요. 일반적인 크기는 한국의 두꺼비와 크게 다르지 않지만, 최대 몸길이는 24.1cm, 몸무게는 1.36kg까지 나가요. 한국에서 가장 큰 두꺼비보다 2배 이상 무겁지요.

두꺼비 종류는 귀 뒤쪽에 볼록한 부분(이선)이 있는데, 여기에서 흰색 독액이 스며 나와요. '부포톡신'이라는 이 독은 엄청나게 쓴맛인 데다가 심장 기능을 방해하는 강력한 '신경독'이에요.

사탕수수두꺼비는 귀샘의 볼록한 부분이 매우 크기 때문에 독액도 많아요. 그래서 사탕수수두꺼비의 귀샘을 강하게 누르면 독액이 '퓽!' 하고 세게 뿜어져 나오지요. 만약 개가 사탕수수두꺼비를 덥석 물면, 독이 개의 입안에 뿜어져 나와 죽을 정도로 위험하답니다.

한국의 두꺼비도 귀 뒤쪽에 볼록한 부분이 있고, 거기에서 흰 독액을 내뿜어요. 다만, 사탕수수두꺼비만큼 강력한 독은 아니고 독의 양도 적어요. 그렇다고 해도 독의 성분은 사탕수수두꺼비와 비슷해요. 따라서 일부러 세게 쥐어서 독액을 짜내거나, 만진 손을 씻지 않고 눈을 비비거나, 두꺼비의 껍질을 벗겨 먹는 등의 행동은 하지 말아야 해요.

일본의 오키나와와 오가사와라라는 섬에서는 사탕수수밭의 해충을 없애기 위해 사탕수수두꺼비를 수입했어. 하지만 천적이 없다 보니 사탕수수두꺼비가 너무 많이 생겨, 해충뿐만 아니라 섬의 고유종을 잡아먹어 문제가 되었지. 게다가 흰꼬리수리 같은 동물이 사탕수수두꺼비를 먹고 죽을 가능성이 있는 것도 문제였단다.

황금독화살개구리
Phyllobates terribilis

방어

척추동물의 **독 중 가장 강한 독**

친구들도 다 멋진 색이야

옛날 원주민들은 독화살을 만들 때 개구리를 불에 구워 독을 뽑아냈어요.

내가 황금 독화살개구리!

알에서 올챙이가 되면, 부모가 등에 태우고 물웅덩이로 옮겨요.

몸의 선명한 노란색은 독이 있음을 경고하는 거예요.

독 레벨 ☠☠☠☠☠

- **분류**: 양서강 > 무미목 > 독화살개구리과
- **크기**: 전체 길이 5~6cm
- **분포**: 콜롬비아
- **먹이**: 곤충 등

내 몸 색깔, 예쁘지? 이 색을 보면 다들 알아서 피하니 싸울 필요가 없어.

황금독화살개구리는 청개구리보다 조금 더 크지만, 척추동물 중에서도 가장 강하다는 '바트라코톡신'이라는 독을 가지고 있어요. 한 마리당 독은 1mg밖에 없지만, 그것만으로도 어른 10명 정도를 죽일 수 있을 정도로 강력해요.

이 독은 황금독화살개구리가 스스로 만드는 것이 아니라, 독이 있는 절지동물을 먹어서 얻는 것으로 보여요. 그 절지동물이 무엇인지는 아직 밝혀지지 않았지만, 개미나 딱정벌레 등의 곤충일 가능성이 높아요.

황금독화살개구리는 수족관이나 반려동물을 파는 상점에서도 볼 수 있지만, 이런 개체는 독이 없는 곤충을 먹기 때문에 독이 없거나 매우 약하다고 해요. 그렇다고 해도 독이 있는지 없는지 확인하기 어려우므로 직접 만지는 것은 좋지 않아요.

황금독화살개구리는 독화살개구리의 한 종류예요. 이런 이름이 붙은 이유는 중앙아메리카와 남아메리카의 원주민들이 이 개구리들의 독을 독화살에 이용했기 때문이에요. 불어서 쏘는 화살촉에 이 독을 바르면, 피부에 살짝 스치는 것만으로도 사냥감을 쓰러뜨릴 수 있어요. 독화살개구리들은 피부에서 독을 내보내지만, 종류에 따라 독이 달라요. 그중에서도 독이 가장 강한 것은 황금독화살개구리를 포함한 몇 종류예요.

황금독화살개구리는 화려한 몸 색깔로 자신이 강한 독을 가지고 있다고 과시해. 그래서 밝은색이 눈에 잘 띄는 낮에 주로 활동하지. 그런데 남아메리카에는 독개구리의 독이 듣지 않도록 진화한* 뱀이 있어서 황금독화살개구리도 잡아먹히고 만단다.

* 가짜산호뱀.

Corythomantis greeningi
그리닝스개구리

방어

머리 돌기에서 나오는 독

어? 내 머리가 이렇게 울퉁불퉁했나?

머리뼈

눈 뒤에서부터 콧등까지 뼈가 솟아 있어요.

나무 위에서 생활하는 청개구리과의 한 종류예요.

뼈의 돌기는 피부 밑에 덮여 있어서 평소엔 보이지 않아요.

독 레벨 ☠☠☠

- **분류:** 양서강 〉 무미목 〉 청개구리과
- **크기:** 전체 길이 약 8cm
- **분포:** 브라질
- **먹이:** 곤충 등

내 독은 아주 강력해. 실수로라도 만지면 큰일 나!

독을 가진 개구리는 없어요. 애초에 개구리의 이빨은 작고 뾰족하지 않아서, 피부에서 나오는 독을 집어넣을 수 없지요. 하지만 그리닝스개구리는 달라요. 이빨은 없지만, 머리뼈의 일부가 날카로운 돌기처럼 솟아 있어서 이것을 무기로 삼아 상대를 찌른답니다. 그러면 독이 상처를 통해 흘러 들어가요. 이것이 그리닝스개구리의 '독 찌르기'예요.

그리닝스개구리는 화가 나거나 위협을 느끼면 머리를 숙여 상대를 찔러요. 일단 찔리면 그 상처로 독이 스며들어 격렬한 통증을 일으키지요. 같은 청개구리과에 속하는 독이 없는 다른 개구리와 비교하면, 독의 양은 2배 이상이고 독성은 5배나 강력하다고 해요. 그래서 만약 찔리면 그 즉시 격렬한 통증이 찾아오고, 심한 경우 생명까지 위험해질 수 있답니다.

강력한 독을 가진 그리닝스개구리는 청개구리과의 한 종류예요. 한편, 일본에 사는 청개구리과 개구리의 독은 약하고 만져도 위험하지 않아요. 하지만 청개구리과 개구리를 만진 손으로 눈 또는 입을 비비거나, 그 손으로 음식을 먹으면 독이 몸에 들어갈 가능성이 있어요. 그러니 청개구리과 개구리를 만진 후에는 반드시 손을 씻으세요.

개구리의 혀에서는 끈적끈적한 점액이 나와. 그런데 독두꺼비와 청색눈청개구리 두 종류의 혀는 뼈의 돌기를 찔러 독을 집어넣도록 진화했어. 아마 혀로 찌른 후 핥을 텐데, 그 혀로 핥는다고 생각하니 꽤 끔찍한걸.

Cynops pyrrhogaster

일본얼룩배영원

방어

배를 드러내서 **강조**하는 **독**

독 레벨 ☠☠

이 배의 색이 눈에 띄지 않아?

꼬리나 다리가 찢겨 나가도 조금 지나면 뼈까지 다시 생겨요.

옛날에는 도롱뇽을 숯처럼 태워 가루로 만든 뒤 '사랑의 묘약'으로 썼어요.

잡힐 것 같으면 몸을 뒤로 젖혀서 배의 붉은 부분을 내보여요.

분류: 양서강 > 유미목 > 영원과
크기: 전체 길이 8~13cm
분포: 일본
먹이: 곤충, 지렁이 등

난 독을 가지고 있어! 위험하다고! 그러니까 먹지 마!

　양서류는 피부로도 숨을 쉬기 때문에 점액을 내보내 피부 표면을 촉촉하게 유지해요. 게다가 그 점액에는 균을 죽이는 효과가 있어서 질병으로부터 몸을 보호하는 역할도 한답니다. 따라서 모든 양서류는 많든 적든 독을 가지고 있는 것으로 보여요.

　꼬리가 있는 양서류 중에서 특히 독이 강한 것은 도롱뇽 종류예요. 일본에 서식하는 일본얼룩배영원의 등은 눈에 띄지 않는 칙칙한 색이지만 배에는 붉은 무늬가 있어요. 이 붉은 무늬는 독을 가졌음을 과시하는 '경고색'이에요. 적에게 잡아먹힐 것 같으면 배를 드러내 독을 가졌음을 강조하지요.

　일본얼룩배영원의 독은 복어의 독과 같은 '테트로도톡신'이라는 맹독이에요. 다만, 양이 매우 적기 때문에 사람이 먹어도 죽을 정도는 아니에요.

도롱뇽 중에서도 가장 독이 강한 것은 캘리포니아도롱뇽이에요. 이 도롱뇽의 독이 강력해진 데는 천적인 가터뱀이 영향을 미쳤어요. 이 뱀은 테트로도톡신에 내성이 있어 어느 정도까지는 견딜 수 있어요. 따라서 같은 지역에 사는 도롱뇽은 이 뱀에게 잡아먹히지 않으려고 독이 더 강해졌을 것으로 보여요.

일본얼룩배영원은 몸속에서 독을 만들지 못하고 먹이에서 독을 흡수해서 몸속에 쌓아 둬. 어떤 생물에게서 독을 흡수하는지는 밝혀지지 않았지만, 적은 양의 독을 조금씩 몸에 쌓아 두는 것 같아.

독에 맞서요!

독에 강한 동물

 독을 가진 생물에게는 적이 없느냐고요? 그렇지 않아요. 독에 내성을 가지도록 진화한 생물도 있기 때문이에요. 독이 있는 식물은 드물지 않지만, 어떤 식물이든 그 식물을 먹는 동물이 있기 마련이지요.

 예를 들어, 부전나비의 애벌레는 앵초 잎만 먹는데, 이 식물은 척추동물에게 독이에요. 또한, 부전나비 애벌레는 앵초를 먹을 뿐만 아니라 그 독을 몸속에 쌓을 수 있어요. 그래서 어른이 된 뒤에도 몸에 독이 있어 새에게 습격당하는 일이 거의 없지요. 하지만 거미나 일부 새에게는 이 독이 통하지 않기 때문에, 독이 있는 부전나비도 안전한 것만은 아니에요.

 또한, 라텔이라는 족제비과 동물은 뱀의 독에 강한 내성이 있어요. 그래서 독뱀을 잡아먹지만 독이 전혀 통하지 않는 것은 아니랍니다. 맹독을 가진 뱀에게 물리면 잠깐 정신을 잃거나 움직임이 둔해질 수 있어요. 하지만 죽는 경우는 드물고, 잠시 쉬면 다시 활발하게 움직일 수 있지요. 뱀의 독에 대한 내성은 몽구스, 고슴도치, 포섬과 같은 동물들에서도 발견되는데, 각각 독자적으로 진화한 것으로 보여요.

고라이어스나비

고라이어스나비는 날개가 새처럼 큰, 세계에서 가장 거대한 나비예요. 애벌레는 독성이 있는 쥐방울덩굴 잎을 먹지만, 성충은 다양한 꽃의 꿀을 빨아 먹어요.

라텔

라텔은 가장 강한 독사 중 하나인 블랙맘바를 잡아먹기도 해요. 또한, 피부가 두꺼워 벌이나 전갈에 쏘여도 괜찮아요.

미어캣

미어캣은 뱀의 독에 내성이 있는 몽구스의 친척이에요. 전갈의 독에도 내성이 있어 자주 잡아먹어요.

뱀한테 물리면 어떻게 해야 할까?

　사람이 독사에게 물리면 즉시 조치해야 해요. 그러지 않으면 죽을 수도 있어요. 일본에서는 1년에 약 1,000명이 독사에게 물리지만, 죽음까지 가는 사례는 매년 몇 명뿐이에요. 그 이유는 '항독소' 덕분이랍니다.
　독사에게 물리면 독이 몸 전체로 퍼지는 데 30분에서 1시간 정도 걸리므로, 그 전에 병원에 가는 것이 중요해요.
　뱀독의 치료제인 뱀 혈청은 약하게 만든 뱀독을 말과 같은 동물에게 여러 번 주사하여 독소에 대한 '항체'를 만들고, 그 항체를 만든 동물의 혈액에서 항체를 포함한 부분(혈청)을 추출한 거예요. 이 뱀 혈청을 사람에게 주사하면 혈액 속의 독소와 결합하여 독의 작용을 약하게 만들 수 있지요.
　하지만 뱀 혈청을 만드는 데는 시간이 걸리기 때문에 대량으로 만들어 낼 수는 없어요. 뱀 혈청이 모든 병원에 다 있는 것도 아니고요. 또, 뱀 혈청이 모든 독에 다 듣는 건 아니에요.

포이즌 리무버
포이즌 리무버는 상처 부위에서 독을 빨아내는 도구예요.
모든 독을 완벽하게 빨아낼 수는 없지만, 몸속으로 들어간 독의 양을 줄이는 데 도움이 돼요.

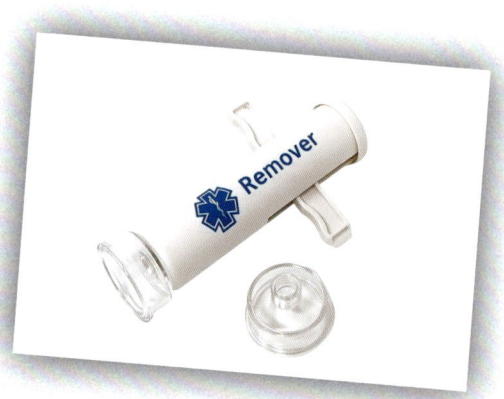

독의 종류에 따라 뱀 혈청을 다르게 만들어야 해요. 그래서 뱀 혈청을 만들 수 있는 동물이 제한적이고, 일본에서는 주로 뱀과 까치독사용 뱀 혈청만 만들어요. 즉, 뱀 종류가 다르면 해당하는 뱀 혈청이 없을 수도 있어요.

특히 외국 뱀에게 물렸을 때가 더욱 문제예요. 외국 뱀의 뱀 혈청은 수입품이라서 뱀을 키우는 특별한 곳에만 있거든요. 그래서 개인이 외국에서 들여와 키우는 뱀에게 물렸을 때는 치료받기 어려울 수도 있어요.

복어나 버섯처럼 먹어서 독에 중독되는 경우에는 뱀 혈청을 만들기 어려워.

까치독사(까치살모사)
일본에서는 독사에게 물리는 사고의 90% 이상이 까치독사 때문에 일어나요.

제 3 장

곤충·거미·지네의

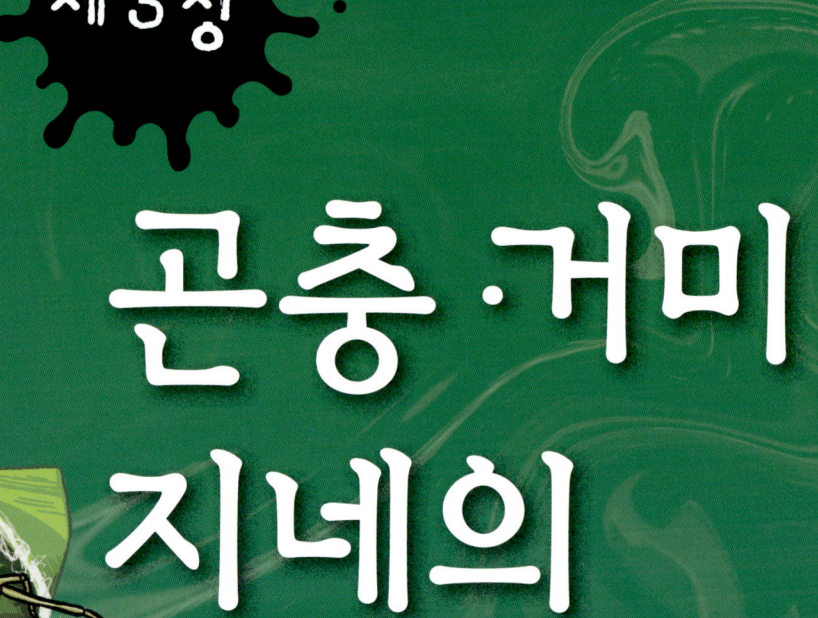

이번 장에서 소개하는 것은 보통 '벌레'로 불리는, 육상에서 활동하는 절지동물이에요. 우리는 독이 있는 생물이 많다고 생각하지만, 사람에게 위험한 것은 전체적으로 보면 아주 일부일 뿐이에요.

Megalopyge opercularis
플란넬나방

푹신푹신한 털에 숨은 독

보송보송함 속에 숨은 무서운 독!

독 묻은 털이 피부에 박히면 메스껍거나 경련이 일어나요.

이 나방의 애벌레에 알을 낳는 기생파리도 있어요.

서던플란넬나방과 쐐기나방의 어른벌레에게는 독이 없어요.

나는 까칠해.

← 쐐기나방의 애벌레

독 레벨 💀💀💀

- **분류**: 곤충강 〉 나비목 〉 메갈로피게과
- **크기**: 날개를 펼쳤을 때 2.4~3.6cm
- **분포**: 북아메리카 남동부
- **먹이**: 애벌레는 느릅나무나 떡갈나무 잎.
  어른벌레는 아무것도 먹지 않음

야옹! 나 어때? 고양이 같아서 귀엽지? 한번 쓰다듬어 봐!

나방의 애벌레에는 털이 없는 애벌레와 털이 있는 애벌레인 털벌레가 있어요. 흔히 털벌레를 만지면 독 때문에 가려울 거라고 생각하지만, 독이 있는 털벌레는 생각보다 많지 않아요.

그런 털벌레 중에서도 가장 강력한 독을 가진 것이 바로 플란넬나방이에요. 솜털처럼 부드러운 털이 귀여워서 만지고 싶을 수도 있지만, 플란넬나방의 긴 털 사이사이에는 가느다란 독침이 숨겨져 있답니다. 이 독침에 찔리면 피부가 빨갛게 부어오르지요.

독침은 너무 가늘어서 찔려도 따끔거리는 느낌은 없어요. 하지만 독침 안이 주삿바늘처럼 비어 있어서 찔리면 독이 몸속으로 들어와요. 게다가 이 독침은 플란넬나방의 몸에서 아주 잘 빠지기 때문에, 호기심에 만졌다가는 피부에 여러 개가 박혀 어느새 찔리게 된답니다.

한국에도 플란넬나방과 비슷한 종류의 나방이 있는데, 바로 쐐기나방이에요. 쐐기나방 애벌레는 솜털 같은 털 대신 선인장처럼 날카로운 가시를 가지고 있어요. 사실 쐐기나방의 '쐐기'는 가시를 뜻해요. 쐐기나방 애벌레에게 피부가 닿으면 가시에서 독이 들어와 순간적으로 저릿저릿한 통증을 느끼게 되지요. 강한 통증이 한동안 계속되니 무척 조심해야 해요.

털이 있어도 위험하지 않은 곤충이 더 많지만, 어떤 종류인지 잘 모를 때는 만지지 마. 주의해야 할 털벌레는 쐐기나방, 독나방, 뿔나방 무리야. 쐐기나방과 달리 독나방과 뿔나방 애벌레의 '털(독침 털)'은 가늘고 수가 많아.

Agriosphodrus dohrni

도르니왕침노린재

방어 / 공격

입으로 찔러 넣는 독

파이팅! 한 방에 독 찌르기!

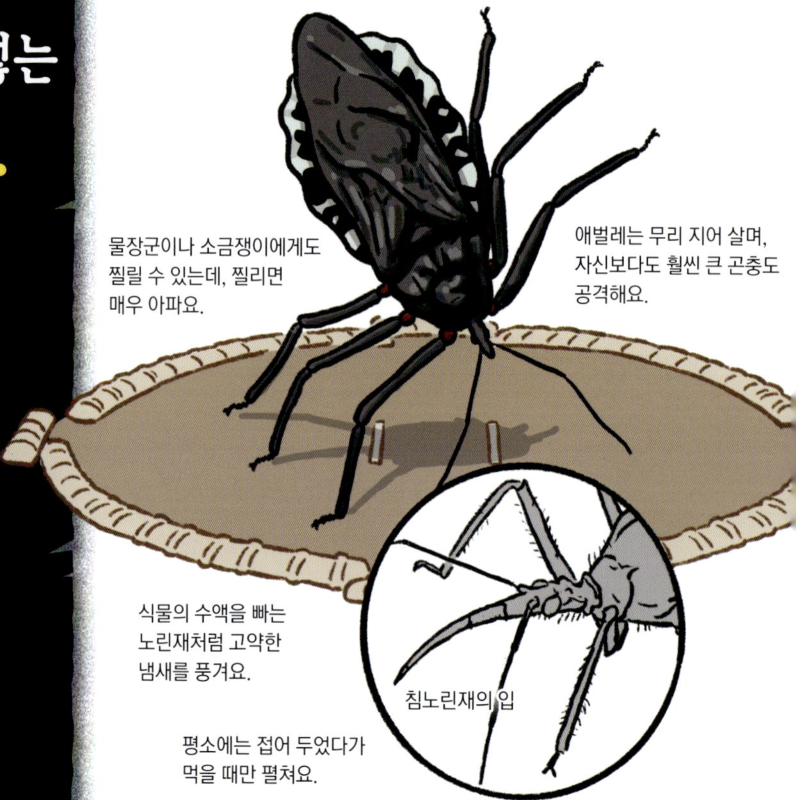

물장군이나 소금쟁이에게도 찔릴 수 있는데, 찔리면 매우 아파요.

애벌레는 무리 지어 살며, 자신보다도 훨씬 큰 곤충도 공격해요.

식물의 수액을 빠는 노린재처럼 고약한 냄새를 풍겨요.

평소에는 접어 두었다가 먹을 때만 펼쳐요.

침노린재의 입

독 레벨 ☠☠

- **분류:** 곤충강 > 노린재목 > 침노린재과
- **크기:** 몸길이 16~24mm
- **분포:** 동아시아, 동남아시아
- **먹이:** 곤충 등

준비, 시~작! 앗, 잠깐! 독 쓰는 건 반칙이야!

침노린재는 이름 그대로 침처럼 뾰족한 입으로 찌르는 노린재예요. 노린재 종류는 대부분 입이 뾰족한 빨대 모양이어서, 풀색노린재나 금빛노린재처럼 식물의 즙을 빨아 먹어요.

하지만 육식성 침노린재는 이 입으로 먹잇감을 찔러 사냥해요. 먹잇감을 찌른 후에는 소화액을 집어넣어 먹잇감의 몸을 녹인 다음, 흐물흐물해진 체액을 빨아 먹지요. 게다가 소화액과 함께 먹잇감을 마비시키는 독까지 집어넣어요.

도르니왕침노린재를 잡으려다가 사람도 찔릴 수 있답니다. 뾰족한 침 같은 입에 찔리는 것만으로도 아픈데, 여기에 소화액과 독까지 들어오면 정말 아파요. 통증이 꽤 오래 지속되어, 아프고 가려운 느낌이 1주일 넘게 이어질 수도 있어요.

도르니왕침노린재는 일본에서 볼 수 있는 가장 큰 침노린재예요. 봄이 되면 공원 나무줄기에 모여 있는 모습을 흔히 볼 수 있지요. 애벌레와 어른벌레 모두 검은색과 흰색 얼룩무늬가 있지만, 허물을 벗은 직후에는 온몸이 새빨간 색이에요. 이때는 몸이 약하고 부드러운 상태인데도 굳이 눈에 띄는 색을 띠는 것이 이상하게 느껴질 수도 있어요. 하지만 이렇게 일부러 눈에 띄는 색을 하면 새와 같은 천적에게 경계심을 불러일으키는 효과가 있다고 해요.

매미도 노린재 무리라서 입이 바늘처럼 뾰족하게 생겼어. 주로 식물의 즙을 빨아 먹고 사는데, 가끔 사람을 찌르는 경우도 있어. 하지만 공격하려는 건 아니고, 사람의 몸을 식물의 줄기나 가지로 착각해서 즙을 빨아 먹으려고 하는 것 같아. 독은 없으니 안심해도 돼.

Onychocerus albitarsis

흰다리전갈하늘소

방어

더듬이 끝에서 나오는 독

독침이 달린 더듬이로 방어!

침 끝의 볼록한 부분에 독이 들어 있어요.

애벌레 때 먹었던 독성이 있는 나무 수액을 몸에 저장해 독을 만들었을 것으로 보여요.

더듬이에서 독을 내보내는 생물은 오직 흰다리전갈하늘소뿐이에요.

하늘소는 턱이 크고 튼튼해서 보통 때는 적을 꽉 물어서 몸을 지켜요.

독 레벨 ☠

- **분류:** 곤충강 > 딱정벌레목 > 하늘소과
- **크기:** 몸길이 20mm
- **분포:** 남아메리카
- **먹이:** 식물

짜잔! 이 더듬이는 독이 있어서 엄청 귀해! 너도 갖고 싶다고?

곤충에게 더듬이는 매우 중요한 감각 기관이에요. 더듬이로 냄새를 맡는 것은 물론, 소리나 공기의 움직임, 온도, 습도를 느끼는 곤충도 있답니다.

하늘소의 더듬이는 길고 굵으며 튼튼해요. 짝짓기 상대를 찾거나 먹이가 되는 식물을 찾는 데 중요한 역할을 하기 때문이지요. 하늘소는 겹눈이 매우 크지만 밝기만 잘 알아볼 뿐 시력은 좋지 않다고 해요.

이렇게 중요한 더듬이를 독침으로 사용하는 하늘소가 있어요. 바로 '흰다리전갈하늘소'예요. 전갈하늘소 무리는 더듬이 끝이 바늘처럼 뾰족해서 새와 같은 천적의 공격을 받으면 더듬이로 찔러 반격해요. 전갈하늘소 중에서도 흰다리전갈하늘소는 더듬이 끝에서 독액까지 내보내는 유일한 곤충이랍니다.

흰다리전갈하늘소의 더듬이 끝부분은 휘어져서 날카로운 바늘 모양이에요. 독은 더듬이 끝의 볼록한 부분에 저장되어 있지요. 이것이 독침이라는 사실이 밝혀진 것은 2005년이에요. 그전까지는 단순히 뾰족한 더듬이로 찌른다고만 알려져 있었어요. 흰다리전갈하늘소의 독성은 그리 강하지 않아요. 찔린 직후에는 꽤 아프지만, 시간이 지나면 피부가 붉어지고 약간 가려운 정도라고 해요.

왜 흰다리전갈하늘소만 이렇게 진화했는지는 아직 잘 몰라. 하지만 하늘소 중에서도 더듬이가 굵은 종류라는 점이 중요하게 작용했을 것 같아. 원래는 짝짓기를 위해 수컷과 암컷이 서로 알아보는 페로몬을 더듬이에서 분비했는데, 이것이 독으로 바뀌었다는 이야기도 있어.

Xanthochroa waterhousei

청가뢰

방어

부드러운 몸에서 나오는 독

나한테 잘해 주지 않으면 독 맛을 보게 해 주지!

옷에 달라붙은 벌레를 손으로 떼어내려고만 해도 쉽게 죽어요.

몸 색깔의 주황색과 녹색은 '경고색'이에요.

청딱지 개미반날개

몸을 누르지 않아도 자극을 받으면 노란색 독액을 내보내요.

알과 애벌레에게도 독이 있어요.

독 레벨 ☠☠

- **분류**: 곤충강 > 딱정벌레목 > 가뢰과
- **크기**: 몸길이 11~15mm
- **분포**: 한반도, 사할린, 일본
- **먹이**: 애벌레는 썩은 나무 등, 어른벌레는 꽃가루 등

> 만지지 마! 날 그냥 내버려둬. 나도 생각보다 섬세하다고.

여름밤에 장수풍뎅이나 사슴벌레를 찾아 돌아다니다 보면 가끔 위험한 곤충을 만날 수 있어요. 바로 청가뢰예요.

청가뢰는 사실 딱정벌레의 한 종류예요. 하지만 다른 딱정벌레와는 달리 날개와 몸이 매우 부드러워서 살짝만 건드려도 쉽게 눌려 죽어요. 문제는 청가뢰가 죽을 때 몸에서 '칸타리딘'이라는 강한 독액이 나온다는 거예요.

이 독액이 피부에 닿으면 불에 덴 것처럼 물집이 생기고 꽤 오랫동안 아파요. 혹시라도 이 독액을 혀로 핥아 보는 사람은 없겠지만, 칸타리딘은 아주 적은 양(30mg)으로도 사람을 죽일 수 있는 강력한 독이에요. 만약 손에 독액이 묻었다면 눈이나 입 주위를 만지지 말고, 즉시 물로 깨끗이 씻어야 해요.

여름밤에는 청가뢰 외에도 조심해야 할 곤충이 또 있어요. 바로 청딱지개미반날개랍니다. 이 곤충도 체액이 피부에 닿으면 물집이 생기는 것은 청가뢰와 마찬가지예요. 하지만 청딱지개미반날개의 독은 '페데린'이라는 성분으로, 청가뢰와는 달리 몇 시간이 지난 후에 증상이 나타나요. 손전등으로 곤충들을 모아 잡을 때는 이 곤충에도 주의해야 하므로, 모양을 잘 기억해 두세요.

'붉은사슴벌레'라는 별명을 가진 넓적길앞잡이를 포함한 길앞잡이붙이과의 딱정벌레도 청가뢰와 같은 독을 가지고 있어. 하지만 재빠르게 뛰어다니는 폭탄먼지벌레는 길앞잡이붙이과가 아니라 딱정벌레과여서 독은 없어. 하지만 뜨거운 방귀를 뀔 수 있으니 조심해야 해.

Lucidina biplagiata
꽃반딧불이

방어 1 공격 4

빛을 내며 경고하는 독

밝게 빛나든 빛나지 않든 독이 있어.

사람이 반딧불이 한 마리를 다 먹는다고 해도 해가 없을 정도로 독이 약해요.

반딧불이의 검은색과 붉은색도 '경고색'이에요.

너는 빛이 나지 않네?

겐지반딧불이

중국의 야마카가시 무리는 반딧불이의 애벌레를 먹고 독을 모아요.

겐지반딧불이처럼 애벌레 때 물속에서 사는 반딧불이는 전 세계에 몇 종류밖에 없어요.

독 레벨 ☠

- **분류**: 곤충강 〉 딱정벌레목 〉 반딧불이과
- **크기**: 몸길이 7~12mm
- **분포**: 한반도, 사할린, 일본
- **먹이**: 애벌레는 땅에 사는 연체동물이나 지렁이, 어른벌레는 물만 마심

반딧불이 주제에 빛을 내지 않는다고? 너는 반딧불이를 잘 모르는구나?

흔히 반딧불이가 빛을 내는 이유는 암컷과 수컷이 서로 만나기 위해서라고 생각해요. 하지만 밝게 빛을 내며 사랑을 속삭이는 건 겐지반딧불이나 헤이케반딧불이뿐이에요. 대부분의 반딧불이는 아주 약하게 빛을 내거나, 아예 빛을 내지 않는 경우도 많답니다.

그렇다면 반딧불이의 조상은 왜 빛을 내게 되었을까요? 아마도 자신이 독을 가지고 있다는 것을 알리기 위해서였을 거예요. 반딧불이는 약한 독을 가지고 있는데, 새나 박쥐가 그걸 모르고 잡아먹었다가 뱉어내는 경우가 종종 있거든요. 대부분의 반딧불이 애벌레는 숲속 낙엽 아래에서 달팽이나 지렁이를 먹고 살아요. 이렇게 어두운 환경에서는 화려한 경고색을 뽐내 봐야 소용이 없지요. 그래서 반딧불이 애벌레는 빛을 내서 "나는 맛이 없어!"라고 경고하는 방법을 택했는지도 몰라요.

꽃반딧불이는 알에서 애벌레, 번데기까지는 빛을 내지만 어른벌레가 되면 거의 빛을 내지 않아요. 아마도 낮에 활동하는 습성 때문인 것 같아요. 반딧불이의 독 성분이 정확히 밝혀지진 않았지만, 꽃반딧불이를 포함한 늦반딧불이 종류에게는 심장 기능을 방해하는 '부파디에놀라이드'라는 독이 있어요. 이 반딧불이들은 애벌레일 때 먹이를 마비시키는 데 이 독을 사용하는 것으로 보여요.

수컷과 암컷이 빛으로 의사소통하는 겐지반딧불이 등은 빛을 느끼는 눈이 커. 냄새(페로몬)로 의사소통하는 꽃반딧불이 등은 눈이 작은 대신 냄새를 맡는 더듬이가 길고 넓지.

Pheropsophus jessoensis
폭탄먼지벌레

방어

엉덩이에서 뿜어내는 고열의 **독**

엉덩이에서 팟, 독가스 발사!

이 독가스는 항문이 아니라 가스가 나오는 구멍에서 발사돼요.

손에 독가스를 맞으면 피부에 갈색 반점이 생기고 냄새가 잘 지워지지 않아요.

야행성 먼지벌레는 대부분 몸 전체가 검지만, 폭탄먼지벌레는 노란색과 검은색으로 '경고색'을 띠어요.

'방귀벌레'로 불리기도 해요.

독 레벨 ☠☠

- **분류:** 곤충강 > 딱정벌레목 > 딱정벌레과
- **크기:** 몸길이 11~18mm
- **분포:** 동아시아
- **먹이:** 곤충 등

아니야, 아니라고! 이건 방귀가 아니란 말이야!

먼지벌레는 대부분 밤에 땅 위를 이리저리 돌아다니는 육식성 딱정벌레예요. 쓰레기에 모이는 벌레를 잡아먹기 때문에 이런 이름이 붙었다고 해요.

이 먼지벌레 중에는 적에게 공격을 받으면 엉덩이에서 강력한 독가스를 내뿜는 종류가 있는데, 바로 폭탄먼지벌레랍니다.

폭탄먼지벌레의 뱃속에는 '과산화수소'와 '히드로퀴논'이라는 물질이 저장되어 있어요. 적의 공격을 받으면 이 두 물질을 섞어서 만든 '벤조퀴논'이라는 자극적인 독가스를 발사하지요.

게다가 이 가스는 100℃ 이상으로 뜨거워요! 과산화수소와 히드로퀴논이 섞일 때 일어나는 화학 반응 때문에 그렇다고 해요. 이 반응 때문에 가스를 발사할 때는 사람이 방귀를 뀌는 것처럼 '뿡' 하고 소리가 난답니다.

폭탄먼지벌레가 발사하는 벤조퀴논의 독성은 그렇게 강하지 않아요. 하지만 사람이나 동물이 눈이나 입, 위, 뱃속에 독가스를 맞으면 큰 피해를 입을 수 있지요. 실험에 따르면, 폭탄먼지벌레를 삼킨 두꺼비는 2시간 안에 43%나 다시 토해 냈다고 해요. 게다가 폭탄먼지벌레의 몸은 튼튼해서 잘 소화되지 않기 때문에 두꺼비가 토해 냈을 때 멀쩡한 상태로 나오는 경우도 적지 않답니다.

고약한 냄새가 나는 방귀를 뀌는 스컹크는 한 번 방귀를 뀌면 얼마 동안은 방귀를 뀔 수 없어. 하지만 폭탄먼지벌레는 아주 짧은 간격을 두고 연달아 독가스, 즉 방귀를 발사할 수 있지. 그래서 방귀벌레라고도 해. 죽은 뒤에도 배 부분을 누르면 뜨거운 독가스가 나오니 조심해야 해.

벌 독의 진화

벌의 조상은 약 3억 년 전에 나타났어요. 1억 년 전에야 비로소 큰 벌집을 짓고 무리 지어 사는 벌이 나타났고, 그 진화 과정에서 독침을 가진 벌이 나타났지요.

 독이 없는 벌도 있어요! 잎벌 무리

말벌이나 꿀벌은 독침을 가지고 있지만, 벌의 공통 조상에게는 독침이 없었답니다. 그런 조상의 모습을 간직하고 있는 것이 바로 잎벌 종류예요. 잎벌은 다른 벌처럼 허리가 잘록하지 않고, 독침도 없어요. 그리고 애벌레는 나비 애벌레처럼 생겼는데, 잎을 먹고 자라지요.

애벌레는 스스로 움직이면서 잎을 갉아 먹어요.

허리가 잘록하지 않아요.

황줄잎벌

- **분류:** 곤충강 〉 벌목 〉 고치벌과
- **크기:** 몸길이 13mm
- **분포:** 한국, 일본
- **먹이:** 애벌레는 대나무 잎, 어른벌레는 잎벌레 등 곤충

침으로 찌르는 벌 기생벌 종류

잎벌에서 더 진화한 것이 바로 다른 곤충의 몸에 알을 낳는 기생벌이에요. 알에서 태어난 애벌레는 기생한 곤충의 몸을 먹으면서 자라고, 번데기를 거쳐 어른벌레가 되지요. 여기서 새롭게 진화한 것이 바로 잘록한 허리예요. 움직이는 곤충의 몸에 알을 낳으려면, 허리가 잘록해야 알이 든 배의 각도를 조절하기 편해 유리하기 때문이지요.

애벌레는 배추벌레의 몸을 먹고 자라다가, 밖으로 나와 번데기가 되지요.

독은 없어요.

허리가 잘록하면 배를 더 잘 움직일 수 있어요.

배추벌레의 몸에 침을 꽂아 알을 낳아요.

배추나비고치벌

- **분류:** 곤충강 > 벌목 > 고치벌과
- **크기:** 몸길이 3mm
- **분포:** 유라시아, 아프리카, 북아메리카, 남아메리카, 오스트레일리아
- **먹이:** 애벌레는 배추벌레에 기생, 어른벌레는 꽃의 꿀

허리가 가느다란 벌은 잎벌 종류에서 진화한 새로운 무리야. 기생벌의 애벌레는 기생한 곤충을 살아 있는 채로 먹고 번데기가 되지. 그래서 기생벌의 애벌레는 움직이지 않고도 성장할 수 있어.

독으로 마비시키는 벌 사냥벌 종류

 기생벌 다음으로 진화한 것은 애벌레를 위해 먹이를 저장하는 사냥벌이랍니다. 벌은 이때부터 독침을 갖게 되었어요. 사냥벌 암컷은 독침으로 먹이를 찔러 마비시킨 후, 태어날 애벌레를 위해 저장해 두어요. 사냥벌의 독에는 마취 효과가 있어서, 애벌레가 번데기가 될 때까지 먹이를 살아 있는 채로 저장해 둘 수 있답니다.

호리병 모양으로 둥지를 만든 뒤 애벌레를 채워 넣고, 알을 하나만 낳아요.

암컷은 같은 둥지를 10~20개 정도 만들고 죽어요.

호리병벌

- **분류**: 곤충강 > 벌목 > 말벌과
- **크기**: 몸길이 13mm
- **분포**: 한국, 일본
- **먹이**: 애벌레는 나방 애벌레, 어른벌레는 꽃의 꿀

독으로 둥지를 지키는 벌 사회성 벌 종류

기생벌에서 진화해서 집단으로 자식을 키우게 된 것이 사회성 벌이에요. 사회성 벌 중에서 알을 낳는 것은 여왕벌뿐이지요. 다른 벌들은 둥지를 짓거나, 자식을 키우거나, 먹이를 찾는 일을 해요. 사람을 공격하는 벌은 대부분 사회성 벌이에요. 소중한 둥지를 지켜야 한다는 사명이 있기 때문이지요.

여왕벌만 알을 낳아요. 일벌은 알을 낳지 않고 애벌레를 키워요.

꿀벌처럼 꽃의 꿀이나 꽃가루를 먹는 벌은 사냥에 독을 사용하지 않아요.

양봉꿀벌

- **분류:** 곤충강 〉 벌목 〉 꿀벌과
- **크기:** 몸길이 15~20mm(여왕벌)
- **분포:** 유라시아, 아프리카, 북아메리카, 남아메리카, 오스트레일리아
- **먹이:** 꽃의 꿀이나 꽃가루

벌의 독침은 알을 낳는 '산란관'이 변해서 만들어졌어. 수컷은 산란관이 없기 때문에 독침도 없어. 암컷은 독침이 된 산란관 끝에서 독을 내뿜고 독침의 뿌리에서 알을 낳아.

날개를 잃어버린 벌 개미 종류

사회성 벌 중에서 날지 못하게 된 것이 바로 개미랍니다. 여왕개미와 수개미 이외에는 어른벌레가 되어도 날개가 생기지 않고, 독침을 잃어버린 종도 적지 않아요.

그 대신 개미는 높은 번식력과 사회성 덕분에 전 세계에 널리 퍼졌어요. 그 결과 곤충 중에 가장 개체 수가 많아졌지요. 지구상에는 2경 마리(2억 마리의 1억 배) 정도의 개미가 있다고 해요.

독침이 있어요.

독침에 쏘이면, 통증이 같은 강도로 24시간 이어져요.

벌을 포함해도 물렸을 때 가장 아파요.

총알개미

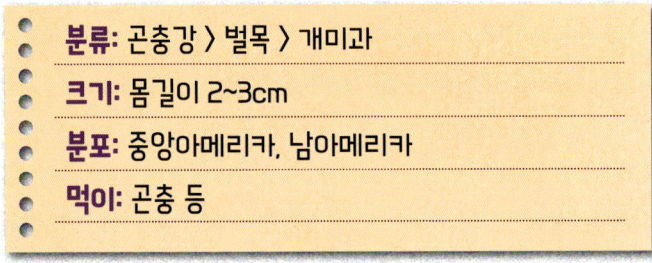

- **분류:** 곤충강 〉 벌목 〉 개미과
- **크기:** 몸길이 2~3cm
- **분포:** 중앙아메리카, 남아메리카
- **먹이:** 곤충 등

어떤 벌의 독이 가장 아플까요?
슈미트 지수로 알아보는 통증

미국의 곤충학자인 저스틴 슈미트 박사는 여러 벌에 일부러 쏘인 뒤 그 통증을 4단계로 나누었어요. 단, 이것은 통증의 강도를 나타낸 것이지 독의 강도를 나타낸 것은 아니에요.

예를 들어, 대모벌 종류인 타란툴라 호크처럼 몸길이가 6cm 이상인 거대한 벌은 침도 굵고 독의 양도 많아서 독침에 쏘이면 통증이 강하게 느껴져요. 또, 독성이 강해도 통증은 약한 벌도 있답니다.

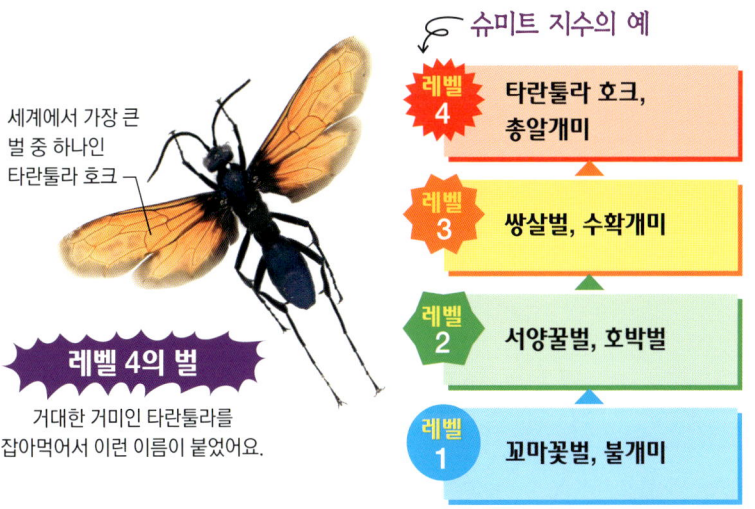

세계에서 가장 큰 벌 중 하나인 타란툴라 호크

레벨 4의 벌
거대한 거미인 타란툴라를 잡아먹어서 이런 이름이 붙었어요.

슈미트 지수의 예
- 레벨 4: 타란툴라 호크, 총알개미
- 레벨 3: 쌍살벌, 수확개미
- 레벨 2: 서양꿀벌, 호박벌
- 레벨 1: 꼬마꽃벌, 불개미

※ 대부분의 벌은 레벨 2에 속해요. 평가 대상이 슈미트 박사가 직접 쏘인 벌에 한정되므로, 한국의 장수말벌 등은 포함되지 않았어요.

벌의 독에 의해 알레르기 반응이 나타나는 경우도 있어. 그러니까 통증 레벨이 1인 벌이라도 사람에 따라 심한 알레르기 반응을 일으킬 위험성이 있지. 그러니 슈미트 박사를 따라 한다며 벌침에 일부러 쏘이는 일은 절대로 하지 마!

Ixodidae

진드기

방어 공격

한 마리가 몇 번이고 물어뜯는 **위험한 독**

독을 사용해 피를 빨아…. 음, 맛있군.

피를 빠는 도중에 무리하게 떼어내면, 머리 부분이 피부 속에 남을 수도 있어요.

진드기의 입

- 협각
- 구하편
- 더듬이다리

진드기의 입에는 가위처럼 생긴 '협각'과 주걱처럼 생긴 '구하편'이 있어요.

독 레벨 ☠☠

- **분류:** 거미강 〉 참진드기목 〉 참진드기과
- **크기:** 몸길이 2~8mm
- **분포:** 전 세계의 육지
- **먹이:** 포유류와 조류의 피

배 터지게 피를 빨아 먹을 때까지 놓아주지 않겠다! (쭉쭉)

　진드기는 포유류나 조류의 피를 빨아 먹고 사는 절지동물이에요. 하지만 피를 빠는 곤충인 모기나 벼룩처럼 입이 바늘 모양이 아니라, 진드기의 입은 '가위와 주걱'을 섞은 듯한 모양이랍니다. 진드기는 먹잇감의 피부를 가위로 자르고, 톱니 모양의 주걱을 꽂아 넣어 조금씩 피를 빨아 먹어요.

　진드기가 피를 빨아 먹는 데는 꽤 오랜 시간이 걸려요. 10일 동안 계속 피를 빨아 먹는 경우도 있지요. 그렇게 오랫동안 들키지 않고 피를 빨 수 있는 이유는 진드기가 마취 효과가 있는 독을 입으로 집어넣기 때문이에요.

　진드기는 입에서 시멘트처럼 딱딱하게 굳는 물질을 내보내, 먹잇감이 몸을 비벼도 쉽게 떨어지지 않도록 자기 몸을 단단히 붙여요. 오랫동안 피를 빨 수 있기 때문에 진드기는 자기 몸무게의 100배나 되는 양의 피를 소화하면서 계속 빨아 먹을 수 있답니다.

진드기의 침 때문에 가렵거나 붓는 등의 알레르기 증상이 나타나는 사람도 있어요. 이 알레르기 물질은 소고기나 돼지고기의 성분과 비슷하기 때문에, 이런 증상이 나타났을 때 고기를 먹으면 고기 알레르기가 될 가능성이 있다고 해요. 미국이나 오스트레일리아에서는 피를 빠는 도중에 신경독을 내보내는 진드기도 발견되었어요. 이런 진드기에게 물리면 몸이 마비될 수도 있답니다.

진드기가 무서운 건 독 때문이 아니야. 진드기는 피를 빨아 먹을 때 병을 일으키는 바이러스나 세균을 옮기는 경우가 있어. 이 때문에 생기는 질병 중에는 심하면 죽는 것도 있지. 최근에는 사슴과 같은 야생동물이 사람이 사는 곳에 자주 나타나는 탓에 진드기가 일으키는 감염증도 증가하고 있어.

Centruroides sculpturatus

애리조나나무껍질전갈

방어 **공격**

꼬리 끝에서 나오는 **독**

작은 고추가 **맵다고!**

대부분 돌 밑에 가만히 숨어 있고, 식사는 일주일에 한 번 정도만 해요.

암컷은 새끼를 등에 업어 보호해요.

- **분류:** 거미강 〉 전갈목 〉 전갈과
- **크기:** 전체 길이 7~8cm
- **분포:** 아메리카, 멕시코
- **먹이:** 곤충 등

독 레벨 ☠☠☠

일본에도 2종의 전갈이 있지만 독이 매우 약하고, 공격적이지도 않기 때문에 겁낼 필요는 없어. 다만, 쏘이면 따끔하고 심한 알레르기 증상이 나타날 가능성도 있으므로, 만지지 않는 편이 안전해.

내가 바로 맹독을 가진 전갈이다! 응? 누가 나를 노리는 거 같은데?

맛있겠는데?

새나 도마뱀 등 전갈을 잡아먹는 동물이 의외로 많아요.

남방주머니생쥐

모든 전갈은 독을 가지고 있어요. 꼬리 끝에 있는 가느다란 침으로 독을 집어넣지요. 이 독은 먹이를 마비시키는 데 사용돼요. 전갈은 큰 집게발로 먹이를 잡고, 입가에 있는 작은 집게(협각) 두 개로 조금씩 입에 밀어 넣어요. 먹이가 저항하면 먹기 힘들기 때문에 독으로 미리 마비시켜 두는 것이지요.

전갈의 독은 포유류에게는 효과가 약하고, 사람에게 위험한 독을 가진 전갈은 전체의 겨우 1%뿐이에요. 그중 하나가 북아메리카 최강의 독을 가진 애리조나나무껍질전갈이지요. 이 전갈은 집게발이 가늘어서 그다지 강해 보이지는 않지만, 물린 사람이 죽는 사고도 가끔 발생해요. 전갈 중에서 덩치가 큰 황제전갈은 집게발이 굵고 힘도 세지만 독은 꽤 약해요. 그래서 독을 사용하지 않고 먹이를 잡아먹기도 한답니다.

애리조나나무껍질전갈은 사람을 죽일 수 있을 정도로 강력한 독을 가진 전갈이에요. 하지만 남방주머니생쥐라는 쥐는 이 전갈에 쏘여도 아무렇지도 않아요. 놀랍게도 전갈에 쏘이면 몸속에서 독을 진통제로 바꿔 버리기 때문이지요. 그래서 쏘여도 전혀 상관하지 않고 전갈을 맛있게 먹어 치울 수 있답니다.

Cheiracanthium japonicum

애어리염낭거미

움직이지 못하게 몸을 마비시키고 녹이는 **독**

최강의 독거미가 한국에?

알에서 나온 새끼들은 어미를 산 채로 녹여 먹어요.

한국에서 인간에게 가장 많은 피해를 주는 거미예요.

송곳니(협각)

거미의 입

암컷은 잎을 실로 감아 둥지를 만들고, 그곳에서 알을 지켜요.

독 레벨 💀💀💀

- **분류:** 거미강 > 거미목 > 염낭거미과
- **크기:** 몸길이 1~1.5cm
- **분포:** 동아시아
- **먹이:** 곤충

날 잘 기억해 둬. 네 가까이에 있을지도 모르니까!

대부분의 거미는 곤충을 잡아먹는 사냥꾼이에요. 거미는 한 쌍의 송곳니(협각)로 먹이를 물고 독을 집어넣어 먹이가 몸을 움직이지 못하게 만들어요. 그리고 독을 집어넣은 구멍에 먹이의 몸을 녹이는 소화액을 넣어, 흐물흐물해진 체액을 빨아 먹지요.

먹이를 이런 방식으로 먹기 때문에 모든 거미는 독을 가지고 있어요. 하지만 이 독은 곤충을 잡는 무기로 진화해 온 것이라서 사람을 포함한 포유류에게는 거의 효과가 없어요. 거미 중에서도 인간에게 효과가 있는 독을 가진 것은 겨우 0.1% 정도라고 해요.

하지만 한국에도 맹독을 가진 거미가 있어요. 바로 애어리염낭거미예요. 이 작은 거미의 독은 겨우 0.3mg으로 사람 어른을 죽일 수 있을 정도로 강력하답니다.

애어리염낭거미의 독은 모든 동물 중에서도 최강이지만, 크기가 1cm 정도밖에 되지 않기 때문에 사람을 죽일 만큼 독이 많지 않아요. 또한, 사람의 피부를 간신히 뚫을 수 있을 정도로 송곳니도 작지요. 하지만 만약 독이 몸에 들어가면 무척 아프고 물린 부위에 열이 날 수도 있어요. 애어리염낭거미의 생김새를 잘 기억해 두고 만지지 않도록 조심하세요.

사람에게 위험한 독을 가진 거미는 쥐나 새 같은 척추동물을 잡아먹는 커다란 타란툴라나, 우연히 독이 포유류에게도 효과가 있도록 변화한 검은과부거미 정도로 매우 적어. 지금까지 한국에서 거미에게 물려 죽은 사람은 없으니, 너무 무서워하지 않아도 돼.

Typopeltis stimpsonii
아마미식초전갈

방어

시큘한 **냄새**가 나는 **독**

코를 찌르는 내 독맛 좀 봐라!

손으로 잡으면 독 안개를 발사하니 주의하세요.

전갈보다는 거미에 가까워요.

곤충을 적게 먹는 전갈류에 비해 많이 먹어요.

독 레벨 ☠

- **분류:** 거미강 > 미갈목 > 식초전갈과
- **크기:** 몸길이 4~5cm
- **분포:** 일본
- **먹이:** 곤충 등

전갈처럼 생겼지만 전갈은 아니야. 헷갈린다면 독을 선물해 주지!

식초전갈은 전갈과 비슷하지만 전갈이 아니에요. 전 세계의 따뜻한 지역에 살며, 땅을 기어다니면서 집게로 곤충을 잡아먹는 것은 전갈과 같아요. 하지만 가느다란 꼬리 끝에는 독침이 없지요.

식초전갈은 사냥에 독을 사용하지 않지만, 방어용 독을 가지고 있어요. 꼬리의 밑동에서 안개처럼 분사되는 시큼한 냄새의 독이지요. 이 독의 성분은 대부분 '아세트산'이에요.

아세트산은 식초에 들어 있는 성분인데, 식초에 든 아세트산은 5% 이하예요. 하지만 식초전갈의 독에는 아세트산이 80%나 들어 있어 피부에 닿기만 해도 붉게 부어오르고 코나 입, 눈에 들어가면 타는 듯한 통증을 느끼게 된답니다.

아마미식초전갈은 일본에 서식해요. 옛날에는 '방귀벌레'로 불리기도 했지요. 냄새나는 가스를 발사했기 때문이에요. 식초전갈은 영어로는 '비니거룬(Vinegaroon)'이라는 이름으로 불리는데, '비니거(Vinegar, 식초)' 같은 냄새가 나서 그런 이름이 붙었답니다.

식초전갈이 적에게 습격당하지 않으려고 독침을 가진 전갈을 흉내 내는 건 아니야. 평소에는 돌 밑에 숨어 있다가 밤에 돌아다니며 곤충을 잡아먹으려면, 지금과 같은 모습이 유리했을 거야. 그러니까 둘 다 비슷한 모습으로 진화한 것 아니겠어?

Scolopendra gigantea

아마존왕지네

방어 / 공격

발톱에서 나오는 독

쇠보다 예리한 손톱!

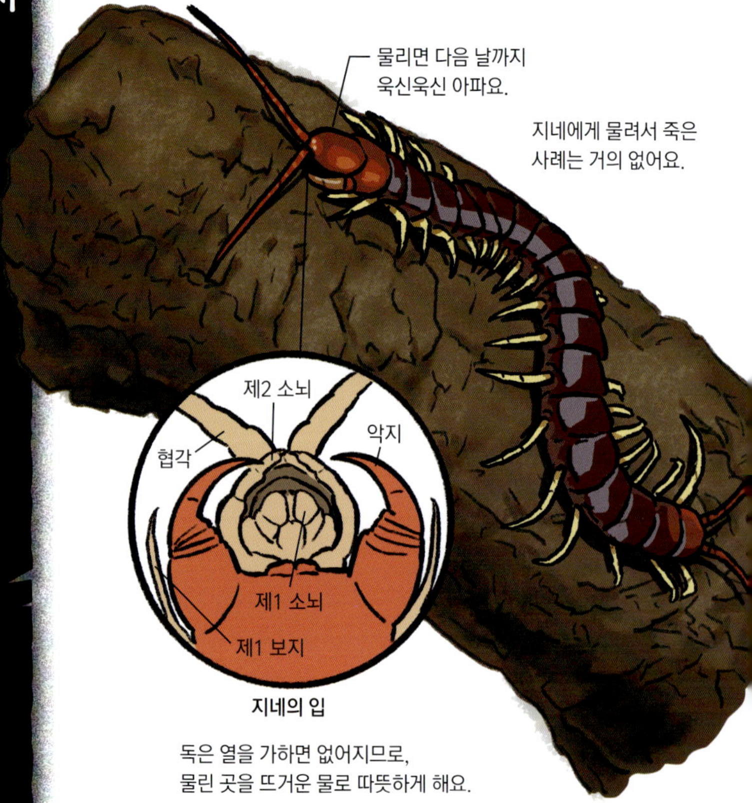

물리면 다음 날까지 욱신욱신 아파요.

지네에게 물려서 죽은 사례는 거의 없어요.

지네의 입
- 제2 소악
- 악지
- 협각
- 제1 소악
- 제1 보지

독은 열을 가하면 없어지므로, 물린 곳을 뜨거운 물로 따뜻하게 해요.

독 레벨 ☠☠☠

- **분류:** 지네강 〉 왕지네목 〉 왕지네과
- **크기:** 몸길이 20~40cm
- **분포:** 남아메리카
- **먹이:** 곤충, 도마뱀, 새 등

이 많은 다리로 (사사삭)

재빠르게 움직여서 (사사삭) 먹이를 (휙) 잡는 거야♡ (우물우물)

지네의 몸에는 마디마다 좌우 1쌍의 다리가 있어요. 다리의 수는 종류에 따라 다르지만, 많은 것들은 100쌍 이상도 있어요. 그리고 어떤 지네든 가장 앞쪽 다리에는 '악지'라는 날카로운 발톱이 달려 있어요. 지네는 먹이를 잡으면 이 다리의 발톱으로 물어서 독을 집어넣어요.

"발톱으로 문다."라는 표현이 조금 이상하지만, 이 발톱은 앞쪽에 있는 식사용 턱(제2 소악)과 같은 모양이에요. 모든 지네는 독을 가지고 있지만, 날카로운 발톱으로도 충분히 사냥할 수 있답니다.

지네 중에서도 최강의 독을 가진 것은 아마존왕지네예요. 아마존왕지네의 독은 아주 적은 0.12g으로도 사람을 죽일 수 있을 정도로 강력해요. 페루에서는 4살짜리 소년이 이 지네에게 물려 죽는 사고도 발생했답니다.

아마존왕지네는 강력한 독을 가졌을 뿐만 아니라, 몸집도 지네 중에서 가장 커요. 크기가 40cm를 넘는 경우도 있는데, 이 정도로 크면 곤충만 먹는 게 아니에요. 도마뱀이나 작은 새, 박쥐 등의 척추동물도 잡아먹기 때문에 사람에게도 위험하답니다. 게다가 아마존왕지네는 무척 공격적이어서 가까이 가면 적극적으로 물려고 덤벼들어요.

가까이에 산이 있으면 집 안에 왕지네나 청지네가 들어오기도 해. 이런 대형 지네는 발톱이 매우 길어서 장갑을 끼고 있어도 물릴 수 있기 때문에 매우 위험하지. 지네는 신발 속에 숨는 것을 좋아해서 신발을 신으려다 물리는 경우도 있어.

Desmoxytes purpurosea

쇼킹핑크드래곤노래기

방어

마디 사이에서 나오는 **독**

냄새를 맡아 보면... 윽!

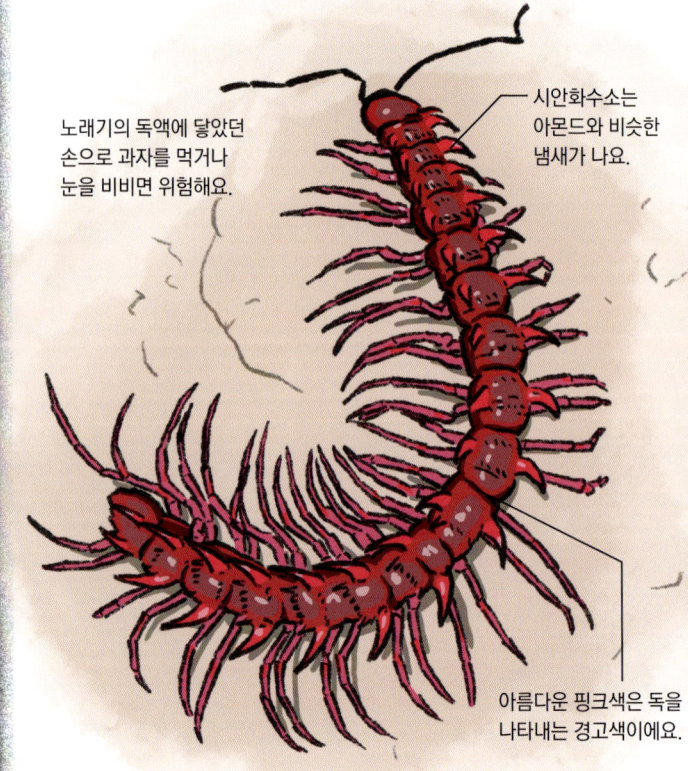

노래기의 독액에 닿았던 손으로 과자를 먹거나 눈을 비비면 위험해요.

시안화수소는 아몬드와 비슷한 냄새가 나요.

아름다운 핑크색은 독을 나타내는 경고색이에요.

독 레벨 ☠☠

- **분류:** 노래기강 > 노래기목 > 무당노래기과
- **크기:** 몸길이 약 3cm
- **분포:** 태국 서부
- **먹이:** 썩은 식물 등

독의 향기가 매력적이라고? 아니, 너희들한테는 자극이 너무 강할 거야.

노래기는 지네와 비슷한 절지동물이에요. 지네는 몸 1마디에 다리가 좌우 1개씩 있는 것에 비해, 노래기는 좌우 2개씩 나 있어요. 지네보다 다리가 두 배 많기 때문에, 노래기 무리는 '배각류'로도 불려요.

지네와의 차이점은 또 있어요. 노래기에게는 독을 집어넣는 발톱이 없어요. 육식성인 지네와 달리, 노래기는 주로 썩은 낙엽을 먹기 때문에 먹이를 사냥하는 발톱은 필요하지 않지요.

하지만 노래기에게 독이 없는 것은 아니에요. 노래기는 몸의 마디와 마디 사이에서 강한 냄새가 나는 액체를 내뿜는데 이것은 방어용 독이에요. 새에게 공격받을 때 이 독을 내뿜으면, 최악의 경우 새가 삼켰다가도 도로 뱉어 낼 가능성이 있답니다.

노래기의 독은 그다지 강하지 않지만, 드래곤노래기는 엄청난 독을 가지고 있어요. 그중에서도 쇼킹핑크드래곤노래기는 독이 있다는 것을 과시하듯 온몸이 화려한 색이지요. 드래곤노래기는 아주 독한 시안화수소라는 독을 내뿜는데, 이 독은 공기 중으로 쉽게 날아가요. 따라서 이 노래기의 냄새를 맡기만 해도 독이 몸에 들어가기 때문에 위험해요.

공원 같은 곳에 가서 커다란 바위를 뒤집어 보면 대부분 노래기 종류가 있어. 보기에는 징그러울지도 모르지만, 한국의 노래기 가운데 위험한 것은 없으니까 만져도 괜찮아. 하지만 외국의 노래기 중에는 가끔 강한 독을 가진 것들도 있으니까, 함부로 만지지 않는 게 좋아.

독을 과시하는 생물

 **경고색**

 눈에 띄는 색깔이나 무늬를 가진 동물을 보고 왠지 독이 있을 것 같다고 느낀 적이 있지 않나요? 사냥감을 잡을 때든, 적의 눈에 띄지 않게 숨을 때든, 동물은 눈에 띄지 않는 편이 유리해요. 그런데도 굳이 눈에 띄는 데는 이유가 있어요. 만약 강한 독을 가지고 있다면, 오히려 눈에 띄어야 독이 없는 동물과 착각한 천적에게 잡아먹히는 사고가 줄어들기 때문이에요.

 이처럼 독이 있음을 알리는 색깔을 '경계색(경고색)'이라고 해요. 독이 있는 동물들은 화려한 색깔일수록 살아남기 쉬웠어요. 그 결과로 오랜 진화의 역사 속에서 더 알아보기 쉬운 경계색을 갖게 된 것이지요.

 예를 들어, 건널목에도 사용되는 노란색과 검은색 줄무늬는 많은 벌들이 사용하는 인기 있는 경계색이에요. 또, 등딱지가 빨간색과 검은색으로 눈에 잘 띄는 무당벌레 종류에게는 약한 독이 있어서, 새가 잡아먹었다가 도로 뱉어내 살아남는 경우도 있어요.

 따라서 무당벌레의 물방울무늬도 경계색이라고 할 수 있어요. 그밖에도 독화살개구리 종류나 바다 민달팽이 종류 중에는 선명한 경계색을 가진 것들이 꽤 많아요.

하지만 몸 색깔이 화려하다고 해서 모두 독이 있는 것은 아니에요. 새의 수컷 중에는 매우 화려한 색깔의 깃털을 가진 것들이 있어요. 하지만 이 화려한 색은 암컷에게 잘 보이기 위한 것이지 경계색이 아니에요. 반대로 쏠배감펭처럼 독이 강해도 눈에 띄지 않게 숨어 있는 것들도 있으므로, 겉모습의 화려함으로 독이 있는지 없는지 판단하면 안 돼요.

경고색을 띠는 생물

칠성무당벌레

무당벌레

바다민달팽이

꿀벌독화살개구리

녹색독화살개구리

푸른갯민숭달팽이

바위와 비슷한 모습으로 위장했지만, 독은 강력하다고.

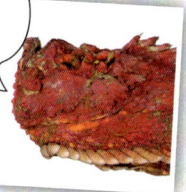
스톤피시

암컷에게 잘 보이려는 거니까 경계색이 아니야.

원앙

뮐러형 의태와 베이츠형 의태

'의태'는 다른 생물의 '모습을 닮는 것'을 말해요. 독을 가진 생물끼리 서로 모습이 비슷한 것을 '뮐러형 의태'라고 하지요. 예를 들어, 독침을 가진 벌들은 몸에 비슷한 노란색과 검은색 줄무늬가 있는 경우가 많아요. 뮐러형 의태를 하는 생물이 늘어나면, 그 색깔이나 무늬가 위험하다는 것을 포식자에게 더 효과적으로 알릴 수 있기 때문에 서로에게 이득이 된답니다.

뮐러형 의태

꿀벌
(일본꿀벌)

땅벌
(배잘록땅벌)

말벌
(황말벌)

모두 독침을 가지고 있어요.

한편, 독이 없는데도 독이 있는 것처럼 진화한 생물도 있어요. 바로 '베이츠형 의태'예요. 파리, 나방, 하늘소 중에는 벌과 매우 비슷하게 노란색과 검은색 줄무늬를 가진 것들이 있어요. 이들은 독이 없는데도 독이 있는 것으로 오해한 천적들이 습격하기를 꺼려 안전해져요. 그 결과로 비슷한 모습을 한 것들이 살아남아 지금처럼 거의 똑같은 모습으로 진화한 거예요.

하지만 베이츠형 의태를 하는 생물이 너무 많아지면 독의 경고 효과는 낮아져요. 따라서 베이츠형 의태를 하는 생물은 그다지 많지 않아요.

베이츠형 의태

하늘소
(큰호랑하늘소)

파리
(스즈키긴꽃등에)

나방
(붉은띠알락나방)

모두 독이 없어요.

독

이 장에서는 경골어류와 연골어류를 소개할 거예요. 경골어류와 연골어류 중에는 독이 있는 것들이 있어요. 독가시로 몸을 보호하는 것과 몸 안에 독을 가진 것들은 있지만, 물어서 독을 집어넣는 것은 없어요. 사람이 먹을 수 있는 물고기 중에도 독을 가진 것들이 있으니 주의해야 해요.

Synanceia verrucosa

스톤피시

방어

물고기 중에서 가장 **무서운 가시 독**

독 레벨 💀💀💀

나를 찾을 수 있을까?

- 몸에는 독이 없고, 먹으면 매우 맛있어요.
- 가시에 찔렸을 때 통증은 정말 어마어마하게 커요.
- 지느러미, 꼬리지느러미, 배지느러미에 독가시가 10개 이상 있어요.

분류: 조기강 〉 쏨뱅이목 〉 양볼락과
크기: 전체 길이 30~40cm
분포: 인도양에서 서태평양의 산호초
먹이: 물고기, 새우 등

이 세상에 숨어 있는 '독'은 대부분 눈에 보이지 않을지도 모르겠군.

쏨뱅이 종류 중에는 지느러미에 딱딱하고 날카로운 가시가 있는 것이 적지 않아요. 그중에서도 스톤피시의 등지느러미 가시는 굵고 날카로운 데다 깊은 홈이 있지요.

가시 주위에는 독액이 가득 찬 '독샘'이 있어, 가시로 적을 찌르면 홈을 타고 독액이 들어가는 구조로 되어 있어요.

스톤피시의 독액은 물고기 중에서도 최강의 '가시독'으로 불리며, 만약 찔리면 사람 어른도 그 즉시 죽을 수 있을 정도로 강력해요. 게다가 통증이 무척 심해서 바다에서 찔리면 높은 확률로 물에 빠져 죽게 되지요.

스톤피시는 기본적으로 잘 움직이지 않기 때문에 적극적으로 달려들어 찌르지는 않아요. 하지만 모르고 밟았을 경우, 굵은 가시가 비치 샌들 정도는 가볍게 통과하기 때문에 매우 위험한 물고기랍니다.

스톤피시는 울퉁불퉁한 바위같이 생겨서 바다 밑에서 가만히 있으면 어디에 있는지 알 수 없어요. 그 모습으로 산호초에 숨어들었다가, 먹이가 눈치채지 못하고 옆을 지나가는 순간, 큰 입으로 세차게 빨아들여 잡아먹지요. 따라서 사냥에 독을 사용하는 일은 없고, 먹이를 가시로 찌르는 행동도 하지 않아요.

스톤피시는 큰 물고기가 별로 없는 바다에서 살고, 바다 밑 바위에 숨어서 사냥해. 그러니 방어할 때든 공격할 때든 강력한 독은 필요 없을 것 같은데, 물고기 중에서도 최강으로 불리는 가시독을 가지게 된 것은 정말 알 수 없는 일이야.

Pterois lunulata

쏠배감펭

방어 공격 4

하늘하늘한 지느러미 속에 든 독

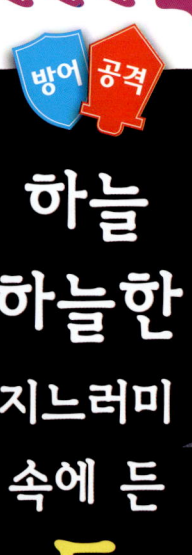

쏠배감펭의 독가시
- 등지느러미
- 독선
- 가시

우아한 지느러미 속에 독을 숨기고 …

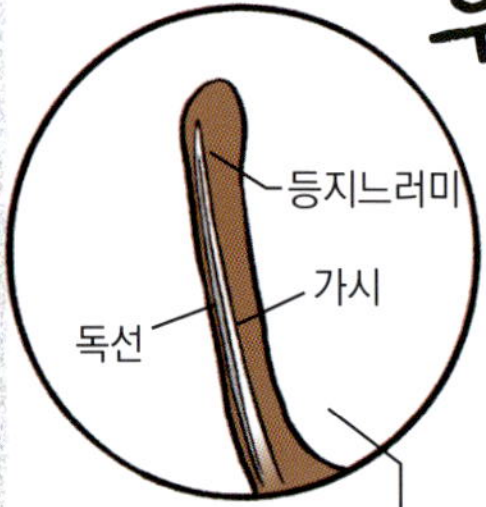

빨간색과 흰색의 화려한 줄무늬는 독이 있다는 것을 알리는 '경고색'이에요.

열대 지역의 쏠배감펭은 암컷을 차지하기 위해 수컷끼리 서로 가시로 찌르며 싸워요.

이 독을 60mg 정도만 정맥에 주사해도 사람이 죽어요.

독 레벨 ☠☠☠

- **분류**: 조기강 > 쏨뱅이목 > 양볼락과
- **크기**: 전체 길이 30cm
- **분포**: 서태평양 해안
- **먹이**: 물고기 등

정말로 아름다운 건 다른 것이 접근하지 못하게 하는 독이 아닐까?

쏠배감펭은 지느러미가 매우 큰 화려한 물고기예요. 쏠배감펭은 이 지느러미로 빠르게 헤엄치는 것이 아니라, 오히려 천천히 헤엄칩니다. 큰 지느러미 안에는 독가시가 여러 개 있는데, 이 모습을 적에게 확실히 보여 주어야 습격을 줄일 수 있기 때문이지요.

쏠배감펭의 독가시는 등지느러미에 13개, 엉덩이지느러미에 3개, 좌우 배지느러미에 각각 1개씩 있어요. 이 가시 안에는 독액이 차 있어서, 가시로 찌르는 동시에 독이 들어가는 구조예요.

쏠배감펭은 자신의 독에 자신이 있어서인지 그다지 공격적이지 않아요. 그래서 다이버들에게도 인기가 있으며 함께 사진을 찍는 것도 가능하지요. 단, 너무 가까이 다가가면 지느러미를 크게 펼쳐 경고하고, 가시를 세워 찌르는 경우도 있으므로 적당히 거리를 두는 것이 중요해요.

> 쏠배감펭의 독가시는 길고, 지느러미 뿌리부터 끝까지 뻗어 있어요. 이 가시는 날카로워서 찔리기만 해도 무척 아프지만, 그 독도 강렬해요. 찔리는 순간부터 심한 통증이 찾아오고 며칠 동안 가라앉지 않거든요. 독 자체로 사람이 죽는 일은 거의 없지만, 만약 다이빙하다가 찔리면 깜짝 놀라 허둥대다가 물에 빠져 죽을 위험이 있답니다.

> 같은 독가시를 가진 물고기인데 바다 밑에 숨어 사는 물고기도 있고, 중간쯤에서 떠다니며 눈에 잘 띄게 헤엄치는 생물도 있어. 왠지 눈에 띄는 쪽이 강한 독을 가지고 있을 것 같지만, 꼭 그렇지는 않아. 처음에 독을 가지게 된 것 자체가 우연이거든.

Plotosus japonicus
쏠종개

방어

똘똘 뭉쳐 자신을 보호하는 독

등지느러미 가시
배지느러미 가시

독가시 군단 출동!
큰 물고기한테도 지지 않아!

죽은 다음에도 한동안 몸에 독이 남아 있어요.

독가시가 매우 단단하고 날카로워서 샌들 정도는 쉽게 뚫어요.

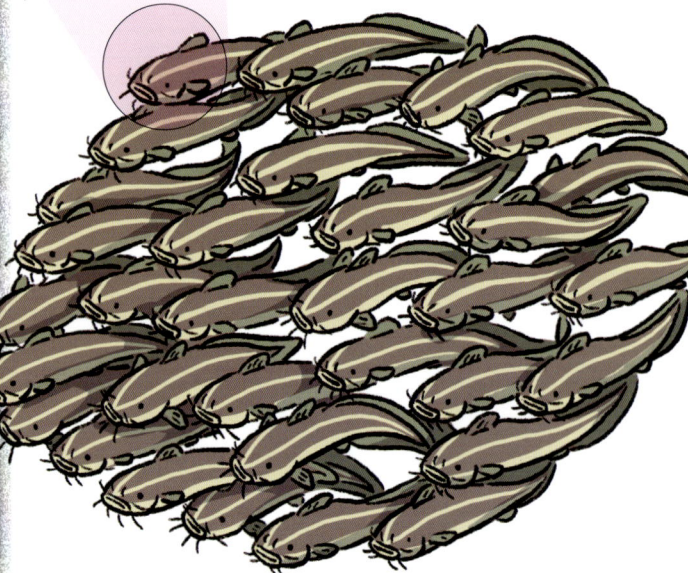

야행성이라 밤에 낚시하다 보면 종종 걸려들어요.

몸을 뒤덮은 미끈미끈한 점액에도 약한 독이 있어요.

독 레벨 ☠☠☠

- **분류:** 조기강 > 메기목 > 쏠종개과
- **크기:** 전체 길이 20cm
- **분포:** 한국, 일본, 필리핀 등
- **먹이:** 물고기, 새우 등

모두를 위한 하나의 독! 하나의 독을 위한 모두! 힘을 합쳐 살아남자!

쏠종개는 얕은 바다에서 사는 작은 메기예요. 메기 종류는 대부분 등지느러미와 좌우 가슴지느러미 앞에 굵은 가시가 있어요. 다른 물고기에게 잡아먹힐 위험에 처하면, 이 가시를 세워 삼키지 못하도록 저항하지요.

메기의 절반에 가까운 종은 이 가시에서 약한 독을 내뿜도록 진화했어요. 그런 '독 메기' 중에서도 최강 수준의 독을 가진 것이 바로 쏠종개예요.

쏠종개의 독가시에 찔리면 곧바로 타는 듯한 통증이 느껴져요. 다만, 쏠종개의 독으로 죽는 일은 거의 없어요. 그렇다고는 해도 통증이 매우 강하기 때문에 혹시 낚시하다가 잡으면 무리하게 바늘을 빼려고 하지 말고, 낚싯줄째 잘라 바다에 놓아주는 것이 안전해요.

쏠종개는 낮 동안에는 바위 그늘 등에서 가만히 있다가 밤이 되면 무리를 지어 헤엄쳐 다녀요. 이 무리는 '쏠종개 덩어리'로 불리며, 큰 물고기로부터 몸을 보호하는 효과를 내지요. 아마도 그림책에서 본 적이 있을 거예요. 특히 몸집이 작고 독이 약한 어린 물고기일 때는 수십에서 수백 마리가 공처럼 둥그렇게 큰 무리를 이루어, 먹을 것을 찾아 몰려다닌답니다.

쏠종개의 친척들은 강과 연못에서 진화했는데, 지금도 대부분의 종이 담수 지역에 살고 있어. 쏠종개는 그중에서 바다로 나아가는 데 성공한 몇 안 되는 메기 중 하나야. 쏠종개는 우연히 강력한 독을 진화시킨 덕분에 바다로 나아갈 수 있었을지도 몰라.

Lagocephalus lunaris

밀복

방어

먹으면 맛있지만 **독**

어딜 먹더라도 독이 있다는 무시무시한 복어야.

독으로 공격하진 않지만 이빨이 날카로워 물리면 위험해요.

독이 없는 먹이를 주며 키우면 독이 없어져요.

사람은 복어 독의 맛도 냄새도 느낄 수 없지만, 물고기는 알아차리는 것 같아요.

독 레벨 💀💀💀

- **분류:** 조기강 > 복어목 > 참복과
- **크기:** 전체 길이 35~50cm
- **분포:** 인도양부터 서태평양
- **먹이:** 조개, 게 등

> 날 잘못 먹었다가는 끝장이니까 잘 보고 골라야 해.

사람에게 가장 위험한 독을 가진 물고기는 복어예요. 예전부터 복어에게 독이 있다는 사실은 잘 알려져 있었지만, 그 맛이 무척 좋아서 알면서도 먹고 목숨을 잃는 사람이 있었지요. 그래서 예전에는 복어를 먹지 말라는 명령인 '복어 식용 금지령'을 내릴 정도였어요. 현재 먹어도 되는 복어는 22종이지만, 종류에 따라 독이 있는 부위가 달라요.

따라서 복어를 요리하려면 특별한 허가가 필요해요. 큰 복어 종류인 자주복의 경우 난소와 간에는 독이 있지만 살이나 가죽, 정소는 먹을 수 있어요. 하지만 몸 전체에 독이 있는 무서운 복어도 있는데, 바로 밀복이에요. 이 복어는 사람이 절대로 먹으면 안 되며, 어느 부위도 먹을 수 없어요. 게다가 먹어도 되는 자주복과 매우 닮아서 헷갈릴 위험이 매우 높지요. 잘못 먹으면 큰일이 나니 주의, 또 주의해야 해요.

> 복어의 독은 '테트로도톡신'으로 불리는데, 이 독은 원래 바다를 떠다니는 세균 등이 만들어 낸 것으로 보여요. 이 세균을 플랑크톤이나 게 등이 먹고, 그것을 다시 복어가 먹는 과정을 거치며 복어의 간 등에는 독이 쌓이지요. 복어는 이 독에 대한 저항력이 있어서 이것들을 먹어도 괜찮아요. 오히려 독이 있는 먹이를 좋아한다고 해요.

> 아무리 강한 독을 가지고 있어도 잡아먹히면 자신도 죽게 되지. 그래서 복어는 위험할 때 몸에서 조금씩 독을 내뿜어 "나를 먹으면 위험해!"라고 신호를 보낸대. 실제로 복어를 잡아먹으려던 물고기가 독 때문에 도로 토해 내는 경우도 있다고 해.

Ruvettus pretiosus
기름치

설사가 멈추지 않는 **독**

먹으면 끝장!
엉덩이에서 기름이 흘러나온다고?

영어로는 '오일피시'라고 해요.

몸은 하얀색 왁스로 덮여 있어요.

꿀벌의 벌집도 왁스 에스터 성분이에요.

몸의 기름인 왁스 에스터는 양초의 밀랍과 같은 성분이에요.

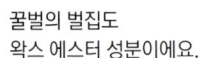

독 레벨 ☠

- **분류:** 조기강 〉 농어목 〉 갈치꼬치과
- **몸길이:** 전체 길이 약 1.5m
- **분포:** 전 세계의 따뜻한 바다
- **먹이:** 오징어, 어류 등

끔찍한 일을 겪기 싫다면, 날 먹을 생각은 꿈에도 하지 마!

 일본에서 「식품위생법」에 의해 판매가 금지된 생선 중 하나가 바로 기름치예요. 이 생선은 맛이 매우 좋지만 엄청난 단점이 있어요.
 기름치의 살이나 내장에는 다량의 '왁스 에스터(지방)'가 포함되어 있는데, 사람은 이것을 소화할 수 없어요. 이 기름은 장에서 흡수되지 않고 그대로 장을 통과해 버린답니다. 조금 먹으면 괜찮을 수도 있지만, 많이 먹으면 장 안에서 기름이 끈적끈적한 액체 상태가 되어 갑자기 설사를 하게 만들어요. 심지어 잠든 사이에 자기도 모르게 엉덩이로 기름이 흘러나와, 아침에 일어나면 옷에 기름이 묻어 엉망이 될 수도 있답니다. 그러니 고생하고 싶지 않다면 절대 먹지 마세요!

기름치가 이 왁스를 적에게 대항하는 방어 수단으로 사용하는 것은 아니에요. 기름치는 깊이 100~800m의 바다에서 살며, 위아래로 자주 이동해요. 부레(공기주머니)를 가진 물고기는 깊은 곳에서 얕은 곳으로 빠르게 이동하면 부레가 터질 위험이 있어요. 하지만 기름치는 많은 양의 왁스로 부력을 조절하기 때문에 물속에서 급히 올라가거나 급히 내려가도 괜찮답니다.

기름치를 다른 사람에게 팔거나, 가게에서 먹는다거나 하는 일은 법으로 금지되어 있어. 하지만 자기가 낚시로 잡은 것은 먹어도 법에 걸리지 않아. 그래서 기름치를 좋아하는 사람은 왁스가 엉덩이로 흘러나오지 않도록 기저귀를 차고 먹는다고 해.

Anguilla japonica

뱀장어

방어

회로 먹을 수 없는 독

뭐, 구우면 먹을 수 있긴 하지만….

일본에선 지금까지 장어 때문에 식중독에 걸린 사람은 없다고 해요.

장어 요리를 하는 데는 따로 면허가 필요 없지만 요리사 사이에서는 독이 있는 것으로 유명해요.

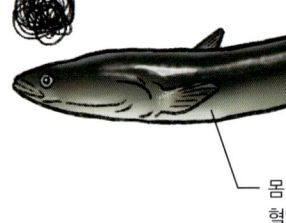

몸 표면을 뒤덮은 점액에도 독이 있는데, 혈액의 독보다 36~48배나 강해요.

독이 든 피와 체액을 꼼꼼하게 없앤 뱀장어 회도 있어요.

독 레벨 ☠

- **분류:** 조기강 〉 뱀장어목 〉 뱀장어과
- **크기:** 전체 길이 60~100cm
- **분포:** 동아시아
- **먹이:** 물고기, 새우 등

> 나한테 독이 있는데도 잡아먹으려 하다니, 인간의 욕심은 끝이 없구나.

장어 초밥에는 장어를 날로 쓰지 않고 구운 장어를 써요. 사실 장어에는 독이 있기 때문이에요. 민물고기는 대부분 사람에게 해로운 기생충이 있어서 회로 먹으면 안 돼요. 장어도 물론 기생충이 있지만, 더 큰 문제는 피 자체에 독이 있다는 거예요. 장어를 손질하다가 피가 눈에 들어가면 엄청난 통증과 함께 염증이 생길 수 있어 위험하답니다.

붕장어나 갯장어처럼 장어 무리에 속하는 다른 물고기들도 마찬가지예요. 장어 피를 많이 마시면 설사나 토를 하게 되고, 심하면 숨 쉬는 게 곤란해져 죽을 수도 있다고 해요. 다행히 먹으면 죽는 장어 피의 양이 어른 기준으로 약 1L로 많아서 마시려고 해도 쉽지는 않겠지만요.

장어의 독은 단백질로 이루어져 있는데 가열하면 변해서 독이 없어져요. 그 기준은 '60℃에서 5분간 가열'이에요. 따라서 더 높은 온도로 불에 굽거나 수증기로 찌는 등의 방법으로 조리하면 안전성에는 문제가 없어요. 원래 집에서 장어를 조리하는 경우는 거의 없지만, 만약 강이나 연못에서 장어를 잡았다면 충분히 익혀서 드세요.

미꾸라지는 보기에는 장어와 닮았지만, 장어나 붕장어와는 전혀 다른 생물로 독이 없어. 하지만 기생충이 있을지도 모르니까 절대 날로 먹으면 안 돼. 옛날에는 살아 있는 미꾸라지를 파는 가게가 있었지만 지금은 당연히 없겠지?

Dasyatis akajei
노랑가오리

방어

모래나 진흙에 숨은 **독**

뭐야, 누가 날 밟았어!

노랑가오리는 독가시가 1개 있는 것도 있고, 2개 있는 것도 있어요.

독가시 중에서 가장 큰 것은 길이가 10cm를 넘어요.

독가시에는 톱처럼 뾰족한 톱니가 있어서, 찔리면 상처가 크게 나기 쉬워요.

독 레벨 ☠☠☠

- **분류:** 연골어강 > 홍어목 > 색가오리과
- **크기:** 전체 길이 1.2m
- **분포:** 서태평양
- **먹이:** 물고기, 새우 등

노랑가오리의 여름철 표어: "바닷속 발밑 조심! 독가시 조심!"

상어나 가오리 같은 '연골어류'는 지금까지 소개했던 '경골어류'와는 완전히 다른 무리예요. 이렇게 분류상으로 멀리 떨어져 있는 연골어류 중에도 독가시를 가진 종류가 있는데, **특히 노랑가오리 무리는 독으로 사람을 죽이는 사고를 가장 많이 일으킨답니다.**

노랑가오리는 주로 얕은 바다의 모래밭이나 갯벌에 숨어 있어서, 사람들이 모르고 밟는 경우가 종종 있어요. 그러면 **노랑가오리는 꼬리를 휘둘러 독가시로 찔러 버리지요.** 독가시에 찔리면 엄청난 통증이 느껴지고 쉽게 가라앉지 않아요. **심한 경우에는 숨 쉬는 게 힘들어지고, 드물게는 죽음에 이르기도 한답니다.** 하지만 다른 독가시를 가진 물고기들과 마찬가지로, 노랑가오리의 독은 단백질로 이루어져 있어요. 그래서 뜨거운 물이나 핫팩으로 상처 부위를 계속 따뜻하게 해 주면 독의 효과를 줄일 수 있답니다.

노랑가오리 무리는 대부분 가늘고 긴 채찍 같은 꼬리를 가지고 있고, 꼬리 중간에 독가시가 있어요. 영어로 '스팅레이(Stingray, 가시가오리)' 또는 '휩레이(Whipray, 채찍가오리)'로 불리는 이유도 바로 그 때문이지요. 또, 괭이상어 무리나 뿔상어 무리는 모두 첫 번째 등지느러미와 두 번째 등지느러미 앞에 2개의 굵은 가시가 있고, 뿔상어 무리 중에는 이 가시에서 약한 독을 내보내는 종류도 있답니다.

연골어류와 경골어류는 완전히 다른 무리인데도 모두 등에 독가시를 가진 종류가 있어. 살아남는 데 독가시가 있는 게 유리하기 때문이겠지? 이처럼 같은 환경에서 비슷한 형태로 진화하는 것을 '수렴 진화'라고 해.

독은 맛있을까?

 독의 맛

 복어는 강한 독을 가지고 있지만, 쫄깃한 식감과 맛이 아주 뛰어난 생선이에요. 복어의 몸에는 독이 있는 부위와 없는 부위가 있는데, 독이 없는 부위만 먹을 수 있지요.

 또, 은행나무의 씨앗인 은행도 독이 있지만 먹을 수 있어요. 은행의 독은 '깅코톡신'이라고 하는데, 사람에 따라 10개 정도만 먹어도 탈이 날 만큼 꽤 강한 독이에요. 이 독은 일반적으로 가열하는 조리 방법으로는 없어지지 않아요. 그래서 우리가 은행으로 만든 음식을 먹으면 독을 맛보는 셈이지요. 하지만 은행의 독이 음식의 맛에 어떤 영향을 미치는지

복어 간과 난소는 맹독이에요. 살(근육), 껍질, 이리(정소)에는 독이 없어요.

는 잘 알려져 있지 않아요. 반면에 대부분의 광대버섯과 버섯, 땀버섯과의 파리잡이버섯은 매우 감칠맛이 강하고 맛있는 버섯이에요. 하지만 이 맛있는 맛은 '이보텐산'이라는 독 성분의 맛이에요. 많이 먹으면 반드시 중독되기 때문에 먹어서는 안 돼요. 또, 이러한 버섯의 독을 손질해서 빼낼 수는 있지만 그러면 독 성분의 감칠맛도 사라져 버린답니다.

하지만 광대버섯처럼 사람들이 독의 맛을 알고 있고, 게다가 맛까지 있는 것은 그다지 알려져 있지 않아요. 그 이유는 물론 독이라는 것을 알고서 먹는 경우는 거의 없기 때문이지요.

또, 너무 쓰거나 냄새가 너무 심한 것은 처음부터 음식 재료로 쓰이지 않아요. 따라서 사람이 먹지 않는 생물 중에는 맛도 없는 데다 독이 있는 것들이 많을 가능성이 높답니다.

은행
많이 먹으면 속이 메스껍거나 설사, 경련 등의 증상이 나타나요.

광대버섯
지역에 따라 소금에 절여 먹기도 해요.

 ## 독에 의존하기도 해요

　사람이 독에 의존하는 경우도 가끔 있어요. 어떤 독은 사람을 중독시켜 맛있다고 착각하게 만들기도 한답니다. 대표적인 것이 바로 술과 담배예요. 이것들에는 몸에 해로운 독이 포함되어 있어요. 하지만 흡수 방법을 잘 조절해서 독을 희석하면 부작용으로 기분이 좋아지기도 하고, 반복적으로 흡수하다 보면 같은 독을 더 원하는 '중독'에 빠지게 되지요.

　술에 포함된 독 '알코올'은 곡물이나 과일을 발효시켜서 만드는데, 순수한 알코올(에틸알코올 100%)을 마시고 맛있다고 느끼는 사람은 거의 없어요. 하지만 물 등으로 희석하고 여러 가지 맛을 첨가하면, 꽤 마시기 쉬워지지요.

　그리고 희석한 알코올을 계속 마시다 보면, 점점 중독이 심해져서 독이라는 걸 알면서도 끊을 수 없게 된답니다.

알코올
알코올은 식물을 원료로 만들어요. 과일이나 열매 등을 발효시켜 만든 것이 맥주나 와인 등의 발효주랍니다. 알코올을 증발시켜 도수를 높인 보드카와 위스키 등도 있어요.

담배는 아메리카에서 나는 담배라는 식물의 잎을 말린 것으로, '니코틴'이라는 맹독이 들어 있어요. 그 독성이 얼마나 강하냐면, 담배 한 개비를 먹으면 어른도 바로 죽을 정도랍니다. 담배에 불을 붙여 연기를 마신다고 해서 바로 죽지는 않지만, 폐암 등의 질병에 걸릴 가능성이 높아지지요. 그리고 잠시라도 니코틴이 몸에 들어오지 않으면, 초조해하거나 땀을 흘리거나 몸을 떠는 등의 금단 증상이 나타나요.

또, 대마는 대마초라는 식물의 잎이나 꽃봉오리를 말린 것으로, 불을 붙여 연기를 마시면 기분이 좋아지기도 해요. 하지만 한국에서는 대마를 몸에 지니는 것만으로도 범죄가 된답니다. 그런데도 체포될 위험을 무릅쓰고 피우고 싶을 만큼 강한 중독성이 있어서 문제예요.

대마
한국에서는 약 5,000년 전부터 재배된 역사 깊은 식물이에요. 삼베를 짜는 데 쓰이는 섬유뿐만 아니라 씨앗도 식용으로 쓰이는데, 일본에서는 고춧가루, 산초, 깨 등을 섞은 양념에 들어가는 경우가 많아요.

담배
담배는 남아메리카에서 나는 가지과 식물이에요. 보통은 잎을 말려서 불을 붙여 피우지만, 잎을 석회 같은 것과 섞어서 씹는 '씹는 담배'나 가루로 만들어 코로 빨아들이는 '냄새 담배'처럼 다양한 형태로 사용되기도 해요.

제 5 장

해파리·조개·게의

이 장에서는 바다의 무척추동물을 소개할 거예요. 해파리는 자포동물, 불가사리는 극피동물, 조개는 연체동물, 게는 절지동물로 다양한 분류군에 걸쳐 있어요. 여기에서 소개하는 것들은 모두 사람에게 위험한 생물이랍니다.

Chironex fleckeri

호주상자해파리

방어 공격

건드리기만 해도 **발사**하는 **독**

기~다란 촉수로 쫓아와서... 절대로 도망칠 수 없어!

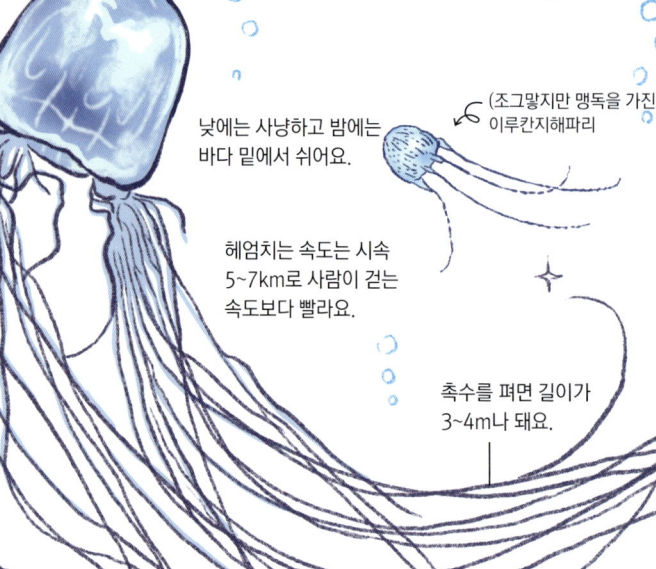

낮에는 사냥하고 밤에는 바다 밑에서 쉬어요.

(조그맣지만 맹독을 가진) 이루칸지해파리

헤엄치는 속도는 시속 5~7km로 사람이 걷는 속도보다 빨라요.

촉수를 펴면 길이가 3~4m나 돼요.

독 레벨 ☠☠☠

- **분류:** 입방해파리강 > 치로드롭목 > 치로드롭과
- **크기:** 갓의 높이 약 30cm
- **분포:** 동남아시아부터 오스트레일리아 북부의 따뜻한 바다
- **먹이:** 물고기와 새우 등

후후, 날 얕보다간 큰코다칠걸? 나는 그냥 해파리가 아니라니까!

상자해파리 무리는 상자 모양의 '우산' 부분과 긴 '*촉수'를 가지고 있어요. 상자해파리는 해파리 중에서도 특히 헤엄치는 속도가 빠르고, 적극적으로 먹이를 쫓아가 잡는 유형이에요. 그리고 해파리 중에서 가장 강력한 독을 지니고 있어요.

호주상자해파리는 가장 큰 상자해파리예요. 길이가 4m에 달하는 긴 촉수에는 많은 '*자포'가 늘어서 있는데, 적이나 먹이가 조금만 스쳐도 독을 발사해요. 이 독은 작은 물고기라면 순식간에 움직임을 멈출 정도로 강력하지요. 하지만 가늘고 긴 실 같은 촉수에서 나오는 독은 양이 적어서, 이 독으로 죽는 것은 대부분 어린아이들이에요. 다만, 여러 곳을 쏘이면 어른이라도 겨우 몇 분 만에 심장이 멈추는 경우가 있으니 주의해야 해요.

＊촉수: 해파리의 몸을 '우산', 거기에서 자라는 다리 같은 부분을 '촉수'라고 해요.
＊자포: 독침과 독액이 함께 들어 있는 캡슐 모양의 작은 기관이에요.

같은 상자해파리 무리에는 이루칸지해파리라는, 우산 높이가 3cm 정도밖에 안 되는 작은 해파리도 있어요. 이루칸지해파리는 매우 작은 데다가 거의 투명하기 때문에 가까이 있어도 알아차리기 힘들지요. 하지만 만약 촉수에 닿았다가는 잠시 후에 심한 통증, 혈압 상승, 근육 경련 등이 일어나고, 이유도 모르는 채 죽을 수도 있는 매우 무서운 해파리랍니다.

오키나와 등에 서식하는 상자해파리도 호주상자해파리와 같은 키로넥스속 해파리야. 하부해파리(일본 말로 '하부'는 반시뱀을 뜻함)는 독사인 반시뱀처럼 무서운 해파리라는 뜻으로, 이 해파리에 쏘여 사람이 죽는 사고도 종종 일어나.

Physalia physalis

작은부레관해파리

낚싯줄에 스며들어 있는 **독**

아~ 다음엔 어디로 갈까~

작은부레관해파리의 몸은 여러 개체가 모인 군체예요.

촉수 길이가 최대 30m가 넘는, 세상에서 가장 긴 동물 중 하나랍니다.

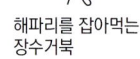

해파리를 잡아먹는 장수거북

장수거북처럼 독이 있는 해파리를 먹는 천적도 있지요.

독 레벨 ☠☠☠

- **분류:** 히드라충강 〉 관해파리목 〉 부레관해파리과
- **크기:** 부레의 지름 약 10cm
- **분포:** 전 세계의 따뜻한 바다
- **먹이:** 물고기 등

> 바닷물의 흐름에 몸을 맡겨도 괜찮아~ 응? 자극이 필요하다고? 좋아~ (쭉)

대부분의 해파리는 물속을 천천히 이동하지만, 작은부레관해파리는 수면에 뜬 채로 떠다녀요. 가스가 찬 커다란 '부레(공기주머니)'를 가지고 있어서 물속으로 잠수할 수 없거든요.

작은부레관해파리는 먹이를 잡을 때 늘어났다가 줄어들었다가 하는 기다란 '촉수'를 드리워요. 촉수에는 '자포'라는 독침 발사 장치가 빽빽하게 붙어 있어서, 작은 물고기가 살짝 스치기만 해도 촉수에서 발사된 독을 맞아 움직일 수 없게 되지요. 작은부레관해파리는 먹이가 걸리면 촉수를 스르륵 줄여, 부레 바로 아래에 있는 '*영양 개충'까지 끌어올려 먹이를 소화해요.

작은부레관해파리의 생활은 마치 요트에서 독침투성이 낚싯줄을 드리운 채 바람에 따라 이동하는 것과 같아요. 작은부레관해파리는 헤엄치는 힘이 전혀 없기 때문에, 먹이를 먹으려면 이 긴 촉수와 강력한 독이 필요해요.

*영양 개충: 작은부레관해파리의 몸은 부위별로 모양이 다른 '개충'으로 이루어져 있어요.
영양 개충은 우산 아랫면에 있으며, 입과 위의 역할을 해요.

해파리는 자포동물문에 포함되는 일부 무리를 가리키는 이름이에요. 해파리에는 무럼해파리 등의 해파리류, 상자해파리 등의 상자해파리류, 작은부레관해파리 등의 히드라해파리류, 나팔꽃해파리 등의 십자해파리류라는 4개의 무리가 있어요. 이 무리들은 분류도, 생태도 각각 다르답니다.

작은부레관해파리가 가끔 해변에 떠밀려 오는데, 죽은 뒤에도 자포에서 독침이 발사되니까 절대 만지지 마. 그런데 우리가 흔히 볼 수 있는 무럼해파리는 독이 약하고 자포의 독침이 짧아서 사람의 피부를 뚫는 경우는 거의 없어.

Phyllodiscus semoni
세모니장식말미잘

신장을 파괴하는 **독**

낮에는 햇볕을 쬐다가 밤에는 사냥꾼으로 변신!!

- 낮에는 촉수를 뻗지 않아 바위처럼 보여요.

이름은 '바다의 벌'이라는 뜻이에요.

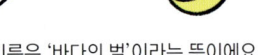

독 레벨 ☠☠☠

- **분류**: 산호충강 > 해변말미잘목 > 장식말미잘과
- **크기**: 지름 10~20cm
- **분포**: 인도양에서 서태평양의 따뜻한 바다
- **먹이**: 새우와 동물성 플랑크톤 등

'바다의 벌'은 바로 나야. 무심코 날 만졌다간 쿡 찔릴걸?

　말미잘의 촉수에도 해파리와 같은 '자포'라는 독침 발사 장치가 빽빽하게 늘어서 있어요. 말미잘은 이 독으로 먹이를 얌전하게 만든 다음 천천히 소화하지만, 말미잘의 독은 대부분 사람에게 위험하지 않아요.

　하지만 세모니장식말미잘은 사람을 죽일 수도 있는 강력한 독을 가지고 있어요. 게다가 얕은 바다에 서식하고 겉보기에는 바위나 해조류처럼 보이기 때문에, 해변에서 갯벌 체험을 하거나 놀다가 무심코 만지는 사고가 끊이지 않지요.

　만약 세모니장식말미잘에게 쏘이면 격렬한 통증과 함께 피부가 짓무르고, 완전히 나을 때까지 오랜 시간이 걸려요. 게다가 신장에 큰 손상을 입는 경우도 있기 때문에 세모니장식말미잘은 '가장 위험한 말미잘'로 불린답니다.

세모니장식말미잘은 밤에만 촉수를 뻗어 사냥해요. 낮에는 몸 안에서 함께 살아가는 '갈충조'라는 식물 플랑크톤이 광합성으로 에너지를 만들어 내지요. 즉, 세모니장식말미잘은 낮에도, 밤에도 계속 영양을 섭취해요. 이렇게 광합성을 하려면 햇볕이 잘 드는 얕은 바다가 적합하기 때문에 사람과 접촉하는 사고가 일어나기 쉽답니다.

세모니장식말미잘의 먹이는 작은 새우와 플랑크톤이야. 그래서 그렇게 강력한 독은 필요하지 않아. 게다가 광합성으로도 에너지를 얻으니까. 그런데도 사람이 죽을 정도로 강력한 독을 갖도록 진화한 것은 정말 알 수 없는 일이야.

Acanthaster cf. solaris

악마불가사리

방어

무수한 가시에서 나오는 독

안녕, 나더러
누가 **독선인장**이래?

독이 열에 약하기 때문에, 찔렸을 때는 상처 근처를 뜨거운 물로 따뜻하게 하면 좋아요.

가시는 부러지기 쉽고, 찔리면 상처 속에 남기도 해요.

아랫면의 가시는 날카롭지 않아서, 손으로 떠 올리듯이 잡을 수 있어요.

독 레벨
💀💀💀

- **분류:** 불가사리강 > 연변목 > 악마불가사리과
- **크기:** 지름 30~60cm
- **분포:** 인도양에서 태평양의 따뜻한 바다
- **먹이:** 산호 등

> 우리는 먼저 찌르지 않아. 하지만 만약 밟으면….

불가사리는 사람에게 거의 해를 끼치지 않지만, 악마불가사리만큼은 예외예요. 몸 표면에 날카로운 가시가 빽빽하게 나 있으며, 가시 하나하나에서 독이 스며 나오지요.

악마불가사리는 몸집이 꽤 커서 움직임이 느리고 자기가 먼저 찌르는 일은 없어요. 하지만 산호초가 있는 바다에서 놀다 보면 바위인 줄 알고 손으로 짚거나, 미처 눈치채지 못하고 밟아서 가시에 찔리는 경우가 있지요.

이 독은 10mg만으로도 사람 어른을 죽일 만큼 강력해요. 쿡 찔리기만 해도 심한 통증이 느껴지고, 상처가 퉁퉁 붓고, 몸이 마비되는 경우도 있지요. 게다가 '아나필락시스'라는 알레르기 증상이 나타나는 경우도 있고, 일본 오키나와에서는 전문 다이버가 악마불가사리의 가시에 찔려 죽는 사고도 발생했어요.

불가사리의 피부(표피)에는 작은 뼈들이 빈틈없이 박혀 있어 탄력이 있으면서도 단단해요. 게다가 몸 안에 세제처럼 거품이 나는 '사포닌'이라는 독이 있다 보니, 불가사리를 좋아해서 먹는 동물은 거의 없지요. 그런데도 악마불가사리는 강력한 독이 있는 가시까지 가지고 있어 한꺼번에 많이 발생하면 없애기가 어렵고, 산호를 너무 많이 잡아먹어 산호초에 큰 피해를 주기도 해요.

불가사리 중에는 독이 약한 것도 있어서 일부 종은 독을 없애면 먹을 수 있어. 다만, 딱딱한 표면은 먹을 수 없고 몸 안에 있는 '생식소(알의 근원이 되는 부분)'만 먹을 수 있지. 나도 규슈에서 키불가사리를 먹어 본 적이 있는데, 성게와 비슷한 맛이 났어.

Hapalochlaena fasciata
파란선문어

방어 공격

침에서 나오는 독

난 표범문어가 아니야!
파란선문어라고!

지구 온난화의 영향으로 혼슈 지방에서도 발견되는 것 같아요.

근육과 피부에도 독이 있어서, 음식 재료로는 못 써요.

독 레벨 ☠☠☠

- **분류:** 두족강 > 문어목 > 문어과
- **크기:** 전체 길이 10cm 정도
- **분포:** 서태평양의 따뜻한 바다
- **먹이:** 게, 새우 등

나처럼 평소에는 조용한 유형이 화나면 제일 무서운 거 알아?

파란선문어는 몸길이가 10cm 정도인 작고 아름다운 문어예요. 하지만 맹독을 가지고 있지요. 이 독은 복어와 같은 '테트로도톡신'이라는 독이에요. 게다가 복어는 먹지 않으면 위험하지 않지만, 파란선문어는 독으로 공격하기 때문에 매우 위험해요.

문어의 몸은 흐물흐물하지만 입은 단단한 부리 모양이에요. 이 부리로 새우나 게의 껍데기를 씹어 부숴 먹고, 적에게 습격당하면 물어뜯지요. 파란선문어의 독은 침에 들어 있으며, 한번 물면 사람 어른 7명을 죽일 수 있을 정도로 강력해요.

또, 파란선문어는 먹이를 얌전하게 만들 때도 독을 사용해요. 사실 대부분의 문어가 먹이를 잡을 때 독을 사용하지만, 사람에게 위험한 독을 가진 것은 파란선문어 종류 정도랍니다.

평소 파란선문어의 몸 색깔은 주변 바위 등에 잘 녹아드는 수수하고 옅은 갈색이에요. 하지만 적에게 습격당할 것 같으면 몸 색깔을 순식간에 바꿔 파란 고리 무늬(파란 표범 무늬)가 떠오르게 하지요. 이것은 독을 과시하는 '경고색'으로, 이 무늬를 보고도 도망가지 않으면 적을 물어뜯어 쫓아 버려요.

문어는 조개껍데기가 퇴화해서 사라진 조개(연체동물)의 동료야. 몸집이 작은 파란선문어는 조개껍데기 대신 방어 수단으로 강력한 독을 사용하지. 다른 문어는 도망칠 때 연기처럼 먹물을 뿜지만, 독으로 적을 쫓아 버리는 파란선문어는 '먹물주머니'가 퇴화했어.

Conus geographus

대보초청자고둥

물고기를 잡는 **독**

한 번에 죽인다!
의외로 나, 고기를 좋아해!

— 몸에 독은 없지만, 일부러 이것을 먹는 사람은 별로 없어요.

— 바늘의 크기는 0.2~0.3mm로 주삿바늘보다 가늘어요.

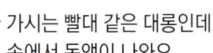

— 가시는 빨대 같은 대롱인데, 속에서 독액이 나와요.

독 레벨 ☠☠☠☠

- **분류:** 복족강 〉 신복족목 〉 청자고둥과
- **크기:** 껍데기 길이 10~15cm
- **분포:** 인도양에서 태평양의 산호초
- **먹이:** 작은 물고기 등

116

독을 잘 쓰려면 가시도, 느낌도 날카로워야 해.

고둥은 느릿느릿 움직이는 동물이지만, 청자고둥은 재빠른 물고기를 잡을 수 있어요. 그렇다면 어떻게 잡는 걸까요? 청자고둥은 독이 있는 가시를 발사해 먹이를 움직이지 못하게 한 다음, 입을 크게 벌려 통째로 삼켜요.

고둥에게는 이빨과 혀를 합친 것 같은 '치설'이라는 기관이 있어요. 청자고둥 무리는 이 치설이 날카로운 가시로 변한 데다, 세게 발사할 수 있게 되었지요. 게다가 이 가시 끝에서 '코노톡신'이라는 독을 내보낸답니다.

그런 청자고둥 중에서도 대보초청자고둥의 독은 가장 강력해요. 청자고둥의 주된 먹이인 작은 물고기라면 단 한 번의 공격으로 즉시 죽고, 사람 어른도 찔리면 2/3 정도는 목숨을 건지지 못해요. 겨우 0.72mg 정도의 아주 적은 양으로도 사람 어른을 죽일 수 있을 만큼 독이 강하기 때문이에요.

청자고둥의 가시는 길이가 1cm 정도밖에 되지 않아요. 하지만 껍데기 길이와 거의 같게 늘어나는 입(주둥이) 끝에 붙어 있기 때문에, 조개껍데기 가장자리를 잡아도 입 끝이 쑥 뻗어 나와 가시에 찔리는 경우가 있지요. 가시는 매우 가늘기 때문에 찔린 순간에는 아픔을 거의 느끼지 못해요. 하지만 점점 몸이 마비되고 숨쉬기가 힘들어져, 바다에서 찔리면 물에 빠져 죽는 경우도 있어요.

기본적으로 고둥 무리의 치설은 혀 위에 작은 이빨이 많이 늘어선 줄 모양이야. 고둥 무리는 먹이를 치설로 조금씩 깎아내며 먹지. 하지만 청자고둥 무리는 치설이 가시로 변했기 때문에 먹이를 깎을 수 없어서 통째로 삼키는 거야.

Atergatis floridus

매끈이송편게

방어

지역에 따라 다른 독

자, 어서 와. 독이 든 만두는 어때?

가열해도 독이 없어지지 않아 먹을 수 없어요.

껍데기에도 독이 있지만 건드려도 해는 없어요.

몸집은 작지만, 집게발 하나로도 사람 어른을 죽일 정도의 독을 갖고 있어요.

독 레벨 ☠☠☠

- **분류**: 연갑강 > 십각목 > 부채게과
- **크기**: 등껍질의 폭 4.5~5.5cm
- **분포**: 인도양에서 서태평양의 따뜻한 바다
- **먹이**: 해초, 조개, 죽은 물고기 등

우리는 사는 곳에 따라 독이 달라! 어때, 먹어서 비교해 볼래?

흔히 게에게는 독이 없다고 생각할지도 모르지만, 실제로 독이 있는 것들도 있어요. 그중에서도 유명한 것이 매끈이송편게예요. 강력한 독이 있어서인지 몸 표면이 뾰족하게 튀어나와 있지 않고 매끈하지요.

매끈이송편게의 독이 특이한 점은 사는 바다에 따라 독의 종류가 다르다는 거예요. 복어 독과 같은 '테트로도톡신'이나, 조개 독인 '고니오톡신' 또는 '삭시톡신'을 갖고 있기도 하고 복어 독과 조개 독을 둘 다 가지고 있기도 해요.

게다가 이 독이 어떻게 만들어지는지는 아직 밝혀지지 않았어요. 복어처럼 먹이에 든 독을 쌓아 두었다가 이용하는 것 같기도 하고, 게의 몸 안에서 함께 사는 비브리오라는 세균이 독을 만드는 것 같기도 해요.

매끈이송편게는 일본 주변 바다에 사는 몇 안 되는 독성 게 중 하나예요. 하지만 지금까지 식중독 기록은 없어요. 그 이유는 아마도 매끈이송편게의 몸집이 작아서 굳이 먹으려는 사람이 적기 때문일 거예요. 다만, 가까운 친척뻘인 게에서는 중독된 사례가 있어요. 털줄왼손집게는 등 껍데기 폭이 8cm 정도 되는 독을 가진 게인데, 이 게로 국물을 낸 수프를 마셨을 뿐인데 사람이 죽은 사고가 일어나기도 했답니다.

같은 생물이지만 지역에 따라 독의 종류가 다르다니 놀라운걸. 독을 몸에 품고 있을 때 그 독에 '내성'이 없으면 자기 자신이 해를 입게 돼. 하지만 여러 독에 내성을 갖는 경우는 드물기 때문에 여러 독을 구분해서 사용하는 생물은 적어.

누구의 독이 가장 강할까?

독의 강도를 나타내는 LD_{50}

 독의 강도는 LD_{50}이라는 수치로 나타낼 수 있어요. 이것은 몸무게 1kg당 이 정도의 양이 몸에 들어갔을 때, 실험동물의 50%가 죽은 독의 양(반수 치사량)이에요. 이 수치는 쥐나 햄스터를 이용한 실험 결과에 기초한 것으로, 사람에게도 똑같이 적용되는지는 정확히 알 수 없어요. 다만, 이 책에서는 어른 남성의 몸무게 60kg을 기준으로 하여 LD_{50}에 기초한 치사량을 제시하고 있어요. 또, 모든 독에서 LD_{50}을 조사한 것은 아니기 때문에 독성이 분명하지 않은 생물도 많이 있어요.

 몸집이 큰 동물일수록 독을 내보내는 양이 많고, 몸집이 작은 동물일수록 독이 적기 때문에 독의 LD_{50} 수치가 높아도 그다지 위험하지 않은 생물도 있어요. 예를 들어, 거북이등거미는 LD_{50}이 0.005mg인 맹독을 가지고 있지만, 몸집이 작고 독의 양도 적어서 사람에게 크게 위험하지는 않아요.

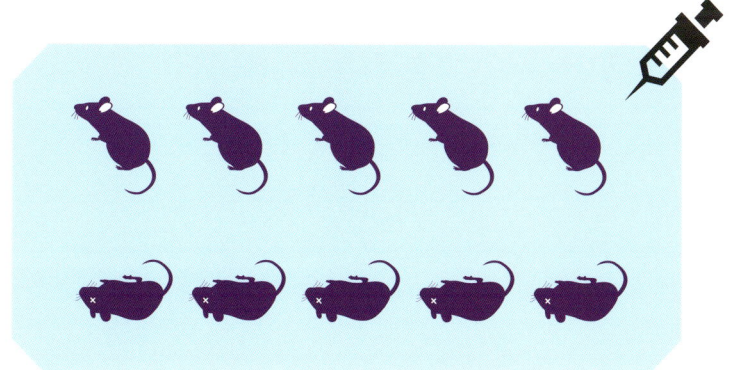

실험동물의 절반이 죽은 독의 양을 'LD$_{50}$'으로 하여 독의 강도 기준으로 삼았어요.

아이들은 몸무게가 가벼운 만큼, 어른보다 적은 양의 독도 위험해요.

LD$_{50}$은 'mg/kg'이라는 단위로 표시해요. 예를 들어 2mg/kg은 몸무게 1kg당 2mg(0.002g)의 독이 몸에 들어가면 동물 개체 수의 절반이 죽는다는 뜻이에요. 어른 남성의 몸무게를 60kg이라고 가정할 때, LD$_{50}$이 2mg/kg인 독이 몸 안에 120mg 들어가면 죽을 수도 있어요. 몸무게가 30kg인 초등학생이라면 그 절반인 60mg으로도 죽을 수 있으므로, 어린이가 어른보다 독에 약하다고 할 수 있지요.

강력한 독을 지닌 동물 순위

독의 LD_{50} 수치가 높은 동물의 순위를 소개할게요. 이들의 독은 강력하지만, 가지고 있는 독의 양이나 사용 방법이 다르기 때문에 순위가 높을수록 위험하다는 뜻은 아니에요.

10 인랜드타이판
$LD_{50} = 0.025mg/kg$
호주 사막에 서식하는 최강의 독사예요.

9 파란선문어
$LD_{50} = 0.02mg/kg$
몸집은 작지만, 물리면 목숨이 위험해요.

8 대보초청자고둥
$LD_{50} = 0.012mg/kg$
조개류(연체동물) 중 가장 독이 강해요.

7 캘리포니아도롱뇽
$LD_{50} = 0.01mg/kg$
독의 성분은 복어와 같은 테트로도톡신이에요. 만지면 피부가 붓기도 해요.

상자해파리
$LD_{50} = 0.008mg/kg$
독사인 반시뱀보다 무서운 해파리예요.

애어리염낭거미
$LD_{50} = 0.005mg/kg$
크기는 1cm 정도로 작지만, 물리면 굉장히 아파요.

황금독화살개구리
$LD_{50} = 0.002\sim0.005mg/kg$
남아메리카에 사는 동물 중에서 독이 가장 강해요.

두건피토휘
$LD_{50} = 0.002mg/kg$
이렇게 강력한 독을 가지고 있는데도, 독이 있다는 사실이 1990년까지 알려지지 않았어요.

호주상자해파리
$LD_{50} = 0.001mg/kg$
가늘고 긴 실 같은 촉수에는 자포(독침을 포함한 캡슐)가 50억 개나 늘어서 있어요.

마우이모래말미잘
$LD_{50} = 0.00025mg/kg$
겨우 15g으로, 사람 어른 100만 명을 죽일 수 있는 팔리톡신을 가지고 있어요.

제 6 장

식물·버섯· 미생물의

이 장에서는 동물이 아닌 생물을 소개할 거예요. 이 생물들의 독은 굳이 먹지 않으면 해가 없는 것들이 대부분이에요. 또, 이 생물들이 아무리 강한 독을 가지게 되더라도, 이들을 먹는 동물들도 그에 맞서 진화하고 있답니다.

Aconitum jaluense
투구꽃

방어

뭔가 사건의 냄새가 나는 독

아름답지만 어쩐지 위험한 분위기가…?

- 꽃가루와 꿀에도 독이 있어요.
- 독이 혈관에 바로 들어가면 입으로 독을 먹었을 때보다 훨씬 빨리 퍼져요.
- 투구꽃이 자라는 지역에서는 꽃이 피는 시기에 꿀벌을 풀어 꿀을 모으면 안 돼요.

※ 투구꽃은 투구꽃속에 포함된 300종 이상의 식물을 가리켜요.

독 레벨 ☠☠☠☠☠

- **분류:** 목련강 > 미나리아재비목 > 미나리아재비과
- **크기:** 높이 80~120cm
- **분포:** 아시아, 유럽, 북아메리카

※ 예전에는 '쌍떡잎식물강'으로 분류되었지만, 최근 DNA 분석에 따라 목련류 등을 제외하고 '진정쌍떡잎식물군'으로 분류되었어요.

스릴러 드라마에 많이 나왔어. 대사는 없었지만 존재감은 대단했다고!

투구꽃은 독풀의 대표라고 할 정도로 유명해요. 산에 가면 쉽게 구할 수 있고 적은 양의 독으로도 효과가 있지요. 투구꽃이 독풀로서 유명한 이유는 살인 사건에 실제 사용된 적도 있고, 추리 소설에서도 종종 사용되기 때문이에요. 투구꽃의 독은 뿌리 〉 꽃 〉 줄기 〉 잎 순으로 많이 포함되어 있지만, 독의 양이 적은 잎조차도 2~3장만 먹으면 사람 어른도 죽을 만큼 독의 효과가 강력해요.

투구꽃에는 몸을 마비시키는 '아코니틴' 등의 독이 여러 종류 포함되어 있어요. 아코니틴은 겨우 2~6mg으로도 사람을 죽일 정도의 맹독이에요. 만약 먹었을 경우에는 입부터 손발까지 저린 증상이 퍼지고, 마지막으로는 호흡이 멈춰 죽고 말지요. 게다가 증상이 나타나기까지 걸리는 시간이 10~20분으로 매우 빠르고, 해독제도 없답니다.

투구꽃은 미나리아재비과의 투구꽃속에 속하는 식물을 가리키는 이름이에요. 투구꽃으로 인한 식중독은 거의 매년 발생하는데, 그 이유는 투구꽃을 산나물로 잘못 알고 먹는 사람들이 종종 있기 때문이지요. 투구꽃의 꽃이 특징적인 '*투구'를 닮아 다른 식물과 헷갈리는 일은 거의 없어요. 하지만 잎만 보면 얼레지나 단풍취 같은 산나물과 매우 닮아서 식중독이 일어나는 거랍니다.

＊투구: 무악이라는 일본 전통 공연에서 머리에 쓰는, 봉황 머리를 닮은 모자를 말해요.

옛날에는 투구꽃의 뿌리에서 뽑아낸 독을 화살에 발라 거대한 불곰까지 잡았다고 해. 투구꽃을 오랫동안 가열하면 독의 강도가 1/200로 줄어들기 때문에 투구꽃 독으로 잡은 고기를 익히면 먹을 수 있지. 하지만 한 번에 많이 먹으면 몸이 저릴지도 몰라.

Nerium oleander

협죽도

방어

소도 죽이는 독

후후, 말려도 **독은 남아 있지…**

2017년에 초등학생 2명이 학교 운동장에 심겨 있던 협죽도 잎을 먹고 입원한 사례가 있어요.

협죽도박각시 애벌레

협죽도의 즙을 먹고 사는 진딧물도 있어요.

가지를 꺾을 때 나오는 흰 액체를 만지면 피부에 발진이 생겨요.

독 레벨 ☠☠☠

- **분류**: 목련강 〉 용담목 〉 협죽도과
- **크기**: 높이 2~6m
- **분포**: 아프리카, 유럽, 아시아

> 협죽도박각시는 독을 견디면서까지 협죽도를 먹어. 참 이상한 녀석이야.

협죽도는 원래 한국에는 없던 식물이지만, 지금은 학교나 공원 등에 흔히 심겨 있어요. 추위에만 약할 뿐, 꽃이 아름답고 튼튼하며 벌레도 잘 붙지 않아 관리하기 쉽기 때문이지요.

하지만 협죽도에는 맹독이 있답니다. 이 나무가 무서운 점은 줄기, 잎, 꽃, 열매 등 전체에 독이 있다는 거예요. 게다가 마른 잎에도 독이 남아 있어서, 사료에 협죽도 마른 잎이 조금(1.7~9%) 섞여 있었을 뿐인데 소 16마리가 죽은 사건도 있었어요.

사람이 잎을 먹으면 배가 아프거나 토를 하게 되고, 심장 기능이 떨어져 죽을 수도 있어요. 다만, 이 독은 엄청나게 써서 잘못 알고 먹는 사람은 거의 없기 때문에 사람이 죽는 사고는 아주 드물답니다.

이렇게 강력한 독을 가진 협죽도에게도 천적은 있어요. 바로 박각시(나방)의 한 종류인 협죽도박각시예요. 이 나방의 애벌레는 협죽도 잎을 주로 먹는데, 독이 이 애벌레에게 효과가 없는 것은 아니에요. 사실은 소화기관이 독을 흡수하기 어렵고, 독으로부터 신경을 보호하는 막 등을 이용해 독에 견디고 있을 뿐이지요. 협죽도박각시 애벌레는 독을 배설물과 함께 버려서 몸 안에 쌓아 두지 않아요.

협죽도박각시의 몸 색깔은 독을 과시하는 '경고색'이 아니라, 잎과 매우 비슷한 '보호색'이야. 어른벌레는 여러 꽃의 꿀을 빨아 먹는데, 애벌레 때 먹었던 잎의 독은 몸에 거의 남아 있지 않아. 그래서 방어에 독을 사용할 수는 없을 것 같군.

Eucalyptus spp.

유칼립투스

방어

소화가 안 되는 **독**

나는 코알라, 왜 배탈이 안 나느냐고?

사람이 유칼립투스 잎을 먹어도 죽지는 않지만, 혀에 자극이 있어요.

유칼립투스 잎은 기름기가 많아서 산불의 원인이 되기도 해요.

코알라는 간에서 독을 분해해요.

※ 유칼립투스는 유칼리속에 속하는 700종 이상을 가리켜요.

독 레벨 ☠

- **분류:** 목련강 > 도금양목 > 도금양과
- **크기:** 높이 1~60m
- **분포:** 오스트레일리아, 뉴기니 등

유칼립투스: "먹기 힘들걸?" 코알라: "맛없는 부분은 안 먹어. (휙)"

　유칼립투스는 오스트레일리아와 그 주변 섬에서 볼 수 있는 식물이지만, 이것을 먹는 동물은 거의 없어요. 그 이유는 섬유질투성이에 영양가도 별로 없는 데다, 쓰고 기름지며 독성까지 있기 때문이에요.

　이 독은 그렇게 강력하지는 않지만 '타닌', '테르펜', '청산 배당체', '페놀 화합물'이라는 여러 성분을 포함하고 있어요. 그래서 웬만하면 유칼립투스는 먹기 힘든 식물이지요.

　또한, 유칼립투스는 건조한 기후에 강해 사막이 많은 오스트레일리아에서 살아가기에 유리한 특징이 있어요. 게다가 오스트레일리아에서는 산불이 자주 일어나는데, 유칼립투스 씨앗은 산불에도 잘 견디고 불탄 자리에서 가장 먼저 싹을 틔워요. 이러한 이유로 오스트레일리아에서는 숲에 있는 나무의 70% 이상이 유칼립투스일 정도로 번성하고 있답니다.

이런 유칼립투스 잎만 먹는 동물이 바로 코알라예요. 코알라는 포유류 중에서 맹장이 가장 긴데, 맹장에 사는 세균의 힘을 빌려 섬유질을 소화하고 독을 분해해요. 게다가 코알라는 냄새와 맛을 잘 확인하고 독이 적은 어린잎만 먹어요. 동물원에서 코알라에게 유칼립투스 잎을 주면 80%는 먹다 남길 정도로 입맛이 까다롭지요.

코알라는 영양가가 빈약한 유칼립투스 잎을 오랜 시간에 걸쳐 소화해. 그래서 에너지를 낭비하지 않도록 하루 중 대부분의 시간을 나무 위에서 가만히 있는 거야. 아무리 먹기 힘들어도 먹이를 빼앗을 경쟁자가 없다는 건 큰 장점이로균.

Heracleum mantegazzianum

큰멧돼지풀

방어

빛을 받으면 생기는 독

독 레벨 ☠☠☠

수액에 닿으면 위험해!

독이 곤충과 포유류로부터 이 풀을 지켜 주어요.

돼지랑 소는 이 풀을 먹어도 괜찮아요.

이 풀을 벨 사람은 보호복을 입고 고글을 써야 해요.

- **분류:** 목련강 〉 미나리목 〉 미나리과
- **크기:** 높이 2~5m
- **분포:** 동유럽

하얗고 아름다운 큰 꽃, 매혹적인 수액! 하지만 끌려서 만졌다가는 큰일 나지.

큰멧돼지풀은 사람보다 키가 큰 거대한 풀이에요. 이 풀에는 '푸라노쿠마린'이라는 독이 있어서 잎이나 줄기를 꺾으면 독즙이 나와요. 다만, 이 독즙이 입에 들어가도 적은 양이라면 해가 되지는 않아요. 하지만 팔이나 입술 등 몸 바깥쪽에 닿으면 매우 위험해요. 왜냐하면 이 독은 태양 빛(자외선)을 쬐면 해를 입히는 '광독성'을 가지고 있기 때문이에요.

큰멧돼지풀의 즙이 피부에 묻은 채 자외선을 쬐면 격렬한 통증과 함께 화상 같은 물집이 생겨요. 게다가 그 상처가 좀처럼 낫지 않고 궤양 같은 흉터가 남는다고 해요. 특히 눈에 들어가면 두 번 다시 눈을 뜨지 못하게 될 수도 있어요. 현재 한국에는 들어오지 않은 식물이지만, 그 모습만큼은 기억해 두세요.

> 큰멧돼지풀만큼 강력하지는 않지만, 귤과의 레몬이나 자몽에도 독 성분인 '푸라노쿠마린'이 포함되어 있어요. 특히 과일 껍질 부분에 많기 때문에 짠 즙을 피부에 묻힌 채 햇볕을 쬐면 위험해요. 화상과 같은 물집이 생기고 흉터가 남을 수도 있으므로, 야외에서 레몬즙을 짜는 것은 그만두는 것이 좋아요.

> 같은 미나리과의 셀러리나 파슬리 즙도 마찬가지야. 피부에 이 즙을 묻힌 채 햇볕을 쬐면 체질에 따라서 물집이 생길 수 있어. 미나리과와 귤과 식물 모두 '푸라노쿠마린'을 포함하고 있지만, 호랑나비나 제비나비 애벌레는 귤과 식물만 먹고, 산호랑나비 애벌레는 미나리과 식물만 먹지.

Solanum tuberosum

감자

일상에 숨은 독

방어

독 레벨 ☠☠

우리 집에도 독이 있다고?

줄기와 잎, 열매에도 독이 있어요.

따뜻해지면 싹이 나요. 따라서 냉장고에 넣어 두면 싹이 나지 않지요.

겉이 녹색으로 변하면 위험해요.

- **분류**: 목련강 〉 가지목 〉 가지과
- **크기**: 높이 50~100cm
- **분포**: 남아메리카

독은 의외로 가까이에 있어. 어쩌면 아직 눈치채지 못했을 뿐일지도?

독을 가진 식물 중에서 가장 많은 사람을 식중독에 걸리게 하는 것은 감자예요.

우리가 먹는 감자는 *땅속줄기가 부풀어 오른 '덩이줄기(감자)'라고 불리는 부분으로 열매가 아니에요. 감자는 여름 동안 땅속의 줄기에 영양분을 저장하고 겨울이 되면 땅 위의 줄기는 말라 죽어요. 그리고 봄이 되면 저장한 영양분을 사용하여 싹을 틔우지요.

감자는 땅속에 있기 때문에 동물에게 쉽사리 먹히지 않고 비교적 안전해요. 하지만 봄에 틔운 새싹을 동물이 뜯어 먹으면 곤란하겠지요? 그래서 감자는 '솔라닌'이나 '차코닌'이라는 독을 만들어 싹 부분에 저장해 둔답니다.

* 땅속줄기: 땅속에 있는 줄기예요. 뿌리와는 달리 물이나 양분을 흡수하지 않아요.

2000년부터 2015년까지 감자 때문에 발생한 식중독 27건 중 24건이 학교에서 일어났어요. 과학 수업 시간에 재배한 감자를 교내에서 조리하여 먹고 식중독이 발생했기 때문이지요. 학교 화단 등에서 기른 작고 미숙한 감자에는 독이 많이 들어 있다고 해요. 중독되면 감자를 먹은 후 30분 정도 지나 구토, 설사, 복통, 어지러움 등이 발생하고 심하면 병원에 입원하는 사람도 있어요.

감자에 방사선을 쪼이면 싹이 나지 않게 할 수 있어. 감자를 통과한 방사선이 싹을 틔우는 조직을 파괴하기 때문이지. 방사선을 쪼여도 감자가 방사선을 내뿜지는 않기 때문에 독보다 훨씬 덜 위험해.

Cryptomeria japonica
삼나무

꽃가루 알레르기를 일으키는 독

방어

아, 올해도 꽃가루 때문에 우울하다.

일본 야쿠시마섬에 있는 삼나무 중에는 나이가 2,000살이 넘는 것들도 있어요.

특정한 식물의 꽃가루에만 반응하는 사람도 있어요.

삼나무와 같은 침엽수의 편백도 꽃가루 알레르기의 원인이 돼요.

돼지풀이나 오리새 등은 꽃가루 알레르기의 원인이 되지요.

독 레벨 ☠☠

- **분류:** 소나무강 〉 측백나무목 〉 측백나무과
- **크기:** 높이 40~60m
- **분포:** 한국, 일본, 중국

> 사람들은 우리 때문에 우울하겠지? 미안하지만 내년에도 잘 부탁해!

삼나무에는 '수꽃'과 '암꽃'이 있는데, 수꽃에서 만들어진 꽃가루가 바람에 날려 다른 삼나무의 암꽃에 옮겨 붙으면 씨앗이 생겨요. 이처럼 바람으로 꽃가루를 옮기는 꽃을 '풍매화'라고 하는데, 곤충으로 꽃가루를 옮기는 '충매화'에 비해 효율이 훨씬 떨어지기 때문에 삼나무는 많은 꽃가루를 뿌릴 필요가 있어요.

뉴스 등에서 꽃가루가 날리는 모습을 보면 알레르기 때문에 움츠리는 사람이 많겠지만, 이 꽃가루에 독성이 있는 것은 아니에요. 하지만 꽃가루가 눈이나 코를 통해 몸속으로 들어오면 눈물, 콧물, 가려움, 재채기 등 괴로운 증상이 나타나지요. 이것을 '면역 체계'가 지나치게 반응하는 '알레르기 반응'이라고 해요. 따라서 알레르기 반응은 사람마다 증상의 차이가 크고, 아예 증상이 없는 사람도 있어요.

> 삼나무는 건물이나 기구를 만드는 재료인 목재로 적합해요. 그래서 목재 수요가 많이 필요했던 제2차 세계 대전 이후, 일본에서는 나라 전체에 삼나무 묘목을 심었어요. 그런데 그 후 외국에서 값싼 목재를 들여오면서 아무도 삼나무 숲을 신경 쓰지 않게 되었지요. 그 결과, 쑥쑥 자란 삼나무들은 봄이 되면 어마어마하게 꽃가루를 뿌리게 되었고, 꽃가루 알레르기가 유행하게 되었답니다.

> 꽃가루처럼 알레르기 반응을 일으키는 물질(알레르겐)도 넓은 의미에서는 독이야. 다만, 알레르기 반응은 사람마다 차이가 매우 커. 도쿄와 오사카에서 개최된 특별전 '독'에서도 꽃가루가 전시되었지만, '이것도 독인가?' 하고 생각하는 사람도 있었을 거야.

Trichoderma cornu-damae

붉은사슴뿔버섯

방어

닿기만 해도 위험한 독

이글이글 타는 독의 불꽃!

겨우 3g만 먹어도 사람이 죽을 수 있어요.

위험해 보이는 모습 때문에 중독되는 사례는 적지만, 2000년에 사람이 죽는 사고가 발생했어요.

목숨을 건져도 뇌에 장애가 남을 수 있어요.

독 레벨 ☠☠☠

- **분류:** 동충하초강 〉 동충하초목 〉 점버섯과
- **크기:** 높이 3~13cm
- **분포:** 아시아, 오스트레일리아

독의 불꽃에 마음을 뺏기면 안 돼. 나는 위험한 화·염·버·섯♡

붉은사슴뿔버섯이 화제가 된 것은 사실 최근의 일이에요. 예전에는 매우 드문 버섯이었어요. 그런데 '*참나무 시듦병'이 늘어나면서, 죽은 나무 주변에서 자라는 붉은사슴뿔버섯이 자주 눈에 띄게 되었지요.

붉은사슴뿔버섯은 보기에도 독버섯 같지만 실제로 식중독도 발생해요. 식용 버섯인 노랑싸리버섯이나 동충하초라는 버섯과 비슷하기 때문이에요. 옛날에는 드문 버섯이어서 오랫동안 버섯을 채집한 사람도 착각하는 경우가 종종 있었어요.

붉은사슴뿔버섯은 버섯 중에서도 최고로 강한 독을 가지고 있으며, 먹은 후 10~30분 정도 지나면 구토와 설사 등의 증상이 나타나요. 그리고 몸이 마비되거나 호흡이 곤란해지고, 마침내 내장이나 뇌가 손상을 입어 죽음에 이르기도 하는 매우 무서운 버섯이랍니다.

* 참나무 시듦병: 졸참나무, 상수리나무 등 도토리가 열리는 참나무 종류의 전염병으로, 이 병에 걸리면 말라 죽어요.

이 버섯의 가장 큰 특징은 '만지기만 해도 위험하다'는 거예요. 다른 독버섯은 독이 아무리 강해도 먹지 않으면 해가 없어요. 하지만 붉은사슴뿔버섯의 독인 '트리코테센'은 피부 표면으로도 흡수될 가능성이 있어 피부에 염증을 일으킨다고 해요. 공원 등에서 붉은사슴뿔버섯이 발견되면 즉시 없애고, 조심하라는 내용의 팻말 등을 세우는 것도 바로 이 때문이에요.

"붉은사슴뿔버섯을 만지면 안 된다."라고들 하지만, 손가락 끝으로 살짝 건드리는 정도라면 크게 호들갑 떨 필요는 없어. 다만, 손가락에 묻은 독이 눈이나 코, 입 등의 점막에 닿으면 큰일 날 가능성도 있어. 그러니 차라리 겁을 잔뜩 먹는 게 나을지도 몰라.

여러 가지 독버섯

 버섯에는 왜 독이 있을까요?

 독이 있는 버섯이 있다는 사실은 잘 알고 있을 거예요. 특히 표고버섯이나 팽이버섯처럼 식용으로 재배되는 버섯조차 생으로 먹으면 식중독을 일으킬 수 있지요. 양송이버섯이나 소혀버섯처럼 생으로 먹을 수 있는 버섯도 있지만, 이러한 일부 예외를 제외하면 기본적으로 버섯은 생으로 먹지 말아야 해요.

 사실 버섯에 왜 독이 있는지 그 이유는 잘 알려져 있지 않아요.

소혀버섯
드물게 생으로 먹을 수 있는 야생 버섯이에요.

팽이버섯
'플람톡신'이라는 혈액독을 포함하고 있지만, 가열하면 독이 없어져요.

버섯이 독을 가지게 된 이유는 '먹히지 않기 위해서'일 거예요. 동물이 먹는 것은 버섯의 '자실체'인데, 이것은 '포자'라는 식물의 '씨앗'과 같은 것을 만드는 기관이에요. 따라서 포자가 생기기 전에 자실체가 먹혀 버리면 자손을 남길 수 없지요.

　그래서 버섯 입장에서는 자실체가 커지고 포자가 생길 때까지 독으로 적에게 먹히는 것을 막는 것이 유리할지도 몰라요.

　버섯의 독에는 여러 종류가 있으며, 사람에게는 독이 되는 버섯이라도 곤충은 그 버섯을 먹을 수도 있고, 그 반대의 경우도 있어요. 게다가 버섯 중에는 동물에게 먹힘으로써 포자를 멀리까지 운반하는 종류도 많다는 것이 밝혀졌어요. 설마 버섯이 사람에게 먹히지 않으려고 독을 가지고 있을까요? 사람에게는 해가 되는 버섯의 독이 자연계에서 어떤 역할을 하는지는 여전히 수수께끼랍니다.

광대버섯
유명한 독버섯이지만 사슴이나 곤충은 즐겨 먹어요.

독우산광대버섯
지역에 따라 소금에 절여 먹기도 해요.

독버섯을 구별하는 방법은?

　버섯에 독이 있는지 없는지 간단히 구별하는 방법은 없어요. 색이 '경고색'처럼 화려하다고 해서 무조건 독버섯이라는 법은 없고, 달걀버섯이나 붉은싸리버섯처럼 새빨간 식용 버섯도 있어요. 반대로 수수한 색이라고 해서 독이 없는 것도 아니어서, 외대버섯이나 화경솔밭버섯처럼 수수하고 식용 버섯과 매우 비슷한 독버섯도 적지 않아요.

　또한, 버섯은 같은 종류라도 모양이 꽤 달라요. 게다가 서로 매우 닮아서 헷갈리는 버섯이 많기 때문에 야생 버섯을 스스로 판단해서 먹으면 매우 위험하답니다.

붉은달걀광대버섯
색깔이 화려해요. 맹독 버섯이 많은 광대버섯과에 속하지만 맛있는 식용 버섯이지요.

붉은창싸리버섯
독버섯처럼 보이지만 식용이에요. 맹독을 가진 붉은사슴뿔버섯과 닮았어요.

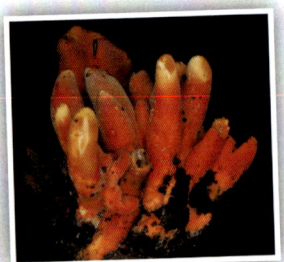

붉은사슴뿔버섯
맹독이 있어서, 이 버섯을 먹고 죽은 사례도 있어요. 건드리면 피부에 염증이 생기기도 해요.

배불뚝이연기버섯
술과 함께 먹으면 술에 더 쉽게 취하게 돼요. 맛있는 버섯이지만, 먹을 경우 앞뒤로 이틀은 술을 마시지 말아야 해요.

가시환각버섯
환각 증상을 일으키는 독을 가졌어요. '매직 머쉬룸'으로 불리는 버섯 중에 하나예요.

화경솔밭버섯
구토와 설사를 일으키는 독이 있어요. 식용 표고버섯과 닮아서 중독되는 경우가 많아요.

외대버섯
구토, 설사를 일으키고 몸이 마비되는 독을 갖고 있어요. 식용 버섯인 붉은비단그물버섯이나 털느타리버섯과 닮아 채취할 때 주의해야 해요.

마귀곰보버섯
구토와 설사를 일으키며, 몸이 마비되고 세포를 파괴하는 독을 가지고 있어요. 세계적으로 핀란드 등 극히 일부 지역에서만 독을 제거하고 먹어요.

독버섯에도 여러 가지가 있구나.

Gambierdiscus toxicus

감비에르디스쿠스

방어

물고기의 몸에 쌓이는 독

점점 짙어지는 독이 입속으로…!

이것이 감비에르디스쿠스예요.

해조류를 먹는 작은 어류에서 커다란 육식성 어류로 갈수록 독이 더 많이 쌓여요.

창꼬치

감비에르디스쿠스가 만드는 독은 시구아톡신, 마이토톡신이에요.

시구아테라 식중독의 원인이 되는 '와편모조류'는 그 외에도 몇 종류가 더 알려져 있어요.

독 레벨 ☠☠☠

- **분류:** 와편모조강 > 곤율라칼레스목 > 오스트렙시다과
- **크기:** 지름 0.1mm
- **분포:** 태평양과 인도양 등 따뜻한 바다

> 우리는… 물고기… 몸에… 많이… 있어. 그러니 물고기를 먹을 땐 조심해.

감비에르디스쿠스는 '와편모조류'라는 '단세포 생물'이에요. 산호초 등에서 해조류 표면에 붙어서 햇빛과 이산화탄소를 이용하여 '광합성'을 하지요. 감비에르디스쿠스는 몸속에서 독을 만들어요. 그들이 무엇 때문에 독을 만드는지는 알려져 있지 않아요. 해조류를 먹는 물고기는 거기에 붙어 있는 감비에르디스쿠스도 함께 먹지만, 독 때문에 물고기가 죽는 일은 없어요.

그러나 이 독은 사람에게는 위험해요. 감비에르디스쿠스의 독은 물고기 몸에 쌓이기 때문에, 이 물고기를 먹은 사람은 '시구아테라'라는 중독 증상을 일으키지요. 시구아테라에 걸리면 몇 시간 후 오한, 구토, 몸의 마비 등이 일어나며, 죽는 경우는 적지만 좀처럼 낫지 않아서 골칫거리랍니다.

시구아테라 중독을 일으키는 것으로 유명한 것은 창꼬치나 곰치 등 산호초에 사는 커다란 육식 어류예요. 해조류를 먹은 작은 어류를 중간 크기 어류가 먹고, 다시 그것을 커다란 어류가 먹는 과정에서 독이 계속 쌓여 가지요. 이러한 물고기에 독이 있는지, 없는지 판단하는 것은 어렵기 때문에 일본에서는 창꼬치처럼 판매를 금지하는 물고기도 있어요.

> 나는 아프리카 케냐에 있는 섬에서 창꼬치를 낚은 적이 있어. 현지 사람들이 먹는 걸 보고 나도 먹어 봤는데, 운 좋게 시구아테라 중독에는 걸리지 않았어. 하지만 위험하니 먹지 않는 게 좋겠지?

Clostridium botulinum

보툴리누스균

방어

몸 밖으로 버려지는 독

달콤하고 맛있는데 독이 든 꿀…?

전쟁에서 생물 무기로 사용하려고 연구한 적이 있어요.

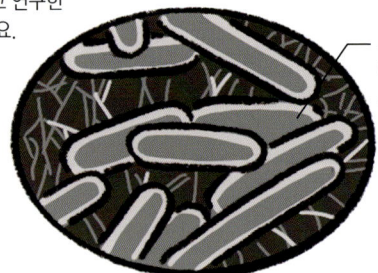

보툴리눔독신을 희석해서 약으로 쓰는 것이 '보톡스 주사'예요.

꿀에 보툴리누스균이 들어 있는 경우도 있어요.

일부 발효 식품이나 통조림에는 산소가 거의 없어서, 보툴리누스균이 들어가면 증식하기 쉽고 식중독의 원인이 돼요.

독 레벨

- **분류:** 클로스트리디움강 〉 클로스트리디움목 〉 클로스트리디움과
- **크기:** 지름 약 0.001mm
- **분포:** 전 세계

독은 쓰는 방법에 따라 약이 되기도 해. 잘 다루는 게 중요하지.

보툴리누스균이 만드는 '보툴리눔톡신'은 모든 독 중에서 가장 강력하다고 해요. 겨우 1g으로 1,000만 명이 넘는 사람을 죽일 수 있을 정도거든요. 보툴리누스균은 산소를 싫어해서 흙 속이나 물밑 등에 숨어 있어요. 하지만 산소에 닿아도 죽지는 않고, '아포'라는 껍질에 갇혀 활동을 멈출 뿐이에요.

보툴리누스균이 언제나 독을 내뿜는 것은 아니에요. 이 독은 보툴리누스균이 활발하게 활동할 때 만들어져 몸 밖으로 버려지는 '똥'과도 같아요. 사람의 위나 장 속에는 산소가 없기 때문에, 음식과 함께 입으로 들어간 보툴리누스균은 활발히 활동하며 사람 몸속에서 독을 내뿜기 시작해요. 그러면 1~2일 후에 몸이 마비되기 시작하고, 증상이 심해지면 숨이 멈춰 죽음에 이르게 된답니다.

아기에게 꿀을 먹이면 안 되는 이유는 꿀 속에 보툴리누스균이 들어 있을 수도 있기 때문이에요. 어른은 장에 세균이 많아, 장내에서 보툴리누스균이 활발해져도 다른 세균의 방해로 좀처럼 증식할 수 없어요. 하지만 아기는 장내 세균이 적기 때문에 보툴리누스균이 증식하기 쉽고, 증상이 나타나면 죽을 수도 있답니다.

보툴리누스균에는 모두 7종류가 있는데, 인간뿐만 아니라 새, 오징어, 곤충에게까지 효과가 있는 독도 있어. 하지만 이러한 독이 보툴리누스균에게 어떤 도움이 되는 것은 아닌 것 같아. 보툴리스누스균의 배설물이 우연히 여러 생물에게 독이 되는 것이 아닐까?

약이 되는 독

독약, 극약

같은 물질이라도 때에 따라 '독'이 되기도 하고 '약'이 되기도 해요. 독도, 약도 아주 적은 양으로 인간의 몸에 큰 영향을 주지요. 약은 몸을 불편하게 하는 질병 등을 치료하기 위해 만들어졌어요. 하지만 양을 잘못 사용하면 독성이 강하게 나타나 오히려 독이 되기도 하지요. 따라서 정해진 양을 지키지 않으면 약 때문에 몸에 큰 해를 입을 수도 있어요. 약으로 처방되는 것 중에는 '독약'이나 '*극약'으로 불리는 것도 있답니다.

＊ 극약: 독성이 매우 강해서 조금만 사용해도 사람에게 심각한 영향을 미치는 약이에요.

보톡스(독약)

보툴리누스균의 독소에 의해 근육을 이완시켜 경련 등을 진정시키는 효과가 있어요.

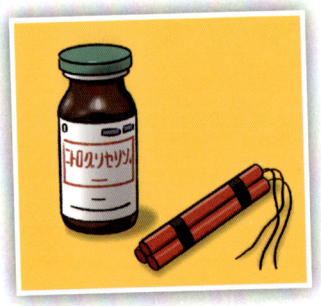

니트로글리세린(극약)

흔들기만 해도 폭발하는 액체예요. 희석해서 주사하면 혈관을 확장하는 효과가 있어요.

148

이러한 약들은 안전하게 사용할 수 있는 양과 몸에 큰 해를 끼치는 양의 차이가 작기 때문에 사용량을 반드시 지켜야 해요. 이러한 약 중에는 생물 중에서 가장 강력한 보툴리누스균의 독을 사용한 것도 있고, 다이너마이트의 원료로 알려진 '니트로글리세린'을 사용한 것 등도 있어요.

　또한, 생물의 독을 연구하여 약으로 이용하는 일은 예로부터 이어져 왔어요. 예를 들어 맹독성 식물인 투구꽃에는 '아코니틴'이라는 '신경독'이 포함되어 있어요. 하지만 그 뿌리는 한방에서 '부자'로 불리며 가열 처리를 하여 독성을 약하게 한 후 심장약 등에 사용되지요.

　게다가 최근에는 생물 독의 성분을 분석하거나 유전자 재조합 기술을 이용하여 새로운 약을 만드는 경우도 있답니다.

※ 독약은 극약보다 약 10배 더 위험해요.

에조투구꽃

부자
투구꽃의 뿌리예요. 이것 자체는 맹독이지만, 안전한 수준까지 독성을 낮춰 사용하면 몸의 대사를 높이는 효과가 있어요.

데스모테플라제
흡혈박쥐의 침에 포함된 성분(플라스미노겐 활성인자)을 이용하여 만든 약이에요. 혈관을 막은 혈전을 녹여요.

 마약

　마약의 원래 의미는 '신경을 마비시키는 약'으로, '마취약'이나 '진통제'와 거의 같은 의미였어요. 마약 중에서도 유명한 '모르핀'이나, 그 효과를 강화한 '헤로인'은 말기 암 등의 강한 통증을 완화하기 위한 목적으로 사용되지요. 이러한 마약은 통증을 완화할 뿐만 아니라 뇌에 작용하여 환각을 보게 만드는 부작용이 있어요. 그런데 그 부작용을 목적으로 사용하는 사람이 있어서 문제랍니다. 이러한 마약에는 강렬한 의존성이 있어서 잘못 사용하면 일상생활을 하기가 어려워져요. 따라서 마약의 원료가 되는 양귀비라는 식물의 재배를 전 세계적으로 엄격하게 관리하게 되었어요.

　또한, 흰독말풀이라는 식물에도 양귀비와 같은 '알칼로이드'라는 마약 성분이 포함되어 있어요. 옛날 일본에서는 의사인 하나오카 세이슈가 흰독말풀의 씨앗으로 마취약을 만들어 세계 최초로 전신 마취 수술에 성공했지요. 하지만 마취의 부작용으로 안타깝게도 어머니는 사망하고 아내는 평생 눈이 보이지 않게 되었어요.

　또한, '마약'이라는 말은 '*법률로 금지된 약물'이라는 의미로 사용되는 경우가 많아요. 이때 마약에는 생물을 원료로 한 것뿐만 아니라 화학적으로 합성한 약물도 포함된답니다.

*　한국에서는 「마약류 관리에 관한 법률」에 따라 다양한 약물을 '마약류'로 지정하여 엄격하게 관리·금지하고 있어요. 이 법에서 규정하는 '마약류'는 크게 마약, 항정신성의약품, 대마의 세 가지로 나뉘어요. 아편과 양귀비는 '마약'으로, 대마는 '대마'로 분류하며, 필로폰과 같은 각성제는 '항정신성의약품'으로 분류하지요.

대마

흰독말풀

양귀비

제 7 장

포유류 · 조류의

이 장에서는 포유류와 조류를 소개할 거예요. 두 종류 다 체온이 높고 활발하게 움직이는 동물이 많으며, 독을 가진 동물은 거의 없어요. 또, 공룡은 파충류이지만 조류를 포함하기 때문에 여기에서 함께 소개할게요.

Ornithorhynchus anatinus

오리너구리

결투에 사용하는 독 (공격)

누구에게도 내 짝을 넘기지 않아!

며느리발톱의 길이는 1.5cm나 돼요.

번식기인 수컷의 독 발톱에 찔리면, 중간 크기의 개 정도는 죽을 수도 있어요.

사람이 죽은 사례는 없지만, 찔리면 엄청나게 아프다고 해요.

독 레벨 ☠☠☠

- **분류:** 포유강 > 단공목 > 오리너구리과
- **크기:** 몸길이 30~45cm
- **분포:** 오스트레일리아
- **먹이:** 물속에 사는 곤충, 갑각류 등

아무 말도 하지 마. 오리너구리에게도 싸워야 할 순간이 있다고!

알을 낳는 포유류인 오리너구리의 뒷다리에는 6번째 발가락과 같은 '며느리발톱'이 있어요. 이 며느리발톱의 안은 관 모양으로 되어 있고 뼈는 없어요. 게다가 아기 때는 수컷에게도, 암컷에게도 며느리발톱이 있지만, 암컷의 며느리발톱은 성장하면서 빠져 버려요.

수컷 뒷다리의 뿌리 부분에는 '독샘'이 있는데 그 끝에서 며느리발톱 안으로 독이 흘러나와요. 이 독은 번식기가 되면 양이 증가해요. 수컷끼리 싸우는 결투에서 무기로 사용하기 때문이지요.

어른 수컷은 번식기가 되면 영역을 두고 싸워요. 영역을 넓혀야 암컷과 짝지을 수 있는 기회가 늘어나기 때문이에요. 이처럼 짝짓기를 하기 위해 독을 사용하는 동물은 거의 알려져 있지 않답니다.

바늘두더지도 오리너구리처럼 알을 낳는 포유류예요. 사실 바늘두더지 수컷에게도 며느리발톱은 있지만 독샘은 없어요. 바늘두더지 수컷들은 마음에 드는 암컷을 계속 쫓아다니는데, 끝까지 남은 수컷이 짝짓기에 성공해요. 그렇기 때문에 오리너구리처럼 결투용 독이 필요 없어서 독샘도 퇴화한 것이겠지요.

오리너구리와 바늘두더지는 포유류 중에서 아주 오래됐어. 둘 다 관 모양의 며느리발톱이 있다는 것은 그들의 공통 조상에게도 며느리발톱이 있었고, 거기에서 독을 내뿜었던 것을 알려 주는 증거라고 할 수 있지. 하지만 원래 수컷끼리 싸울 때 독을 사용했던 건 아닐 거야.

Blarina brevicauda

북부짧은꼬리땃쥐

방어 공격

커다란 동물도 잡을 수 있는 **독**

잘 먹겠습니다~
← 유럽두더지

독의 양이 적어서 사람이 물려도 죽지는 않아요. 하지만 상처가 작은 것에 비해 엄청나게 아파요.

금방 배가 고파져.

아래턱의 독니(홈이 있는 2개의 앞니)로 먹이에 독을 집어넣어요.

← 표범개구리

독 레벨 ☠☠

- **분류:** 포유강 > 첨서목 > 첨서과
- **크기:** 몸길이 75~105mm
- **분포:** 북아메리카 동부
- **먹이:** 곤충, 개구리, 쥐 등

알겠니? 큰 먹잇감을 집어삼키려면 약간 요령이 필요하단다!

땃쥐는 쥐의 동료가 아니라 두더지의 동료예요. 땃쥐는 포유류 중에서 가장 작은 종류로, 몸무게가 겨우 1.5g밖에 나가지 않는 종도 있어요. 이렇게 작은 몸으로 체온을 높게 유지하려면 많은 에너지가 필요하기 때문에, 땃쥐는 하루에 자기 몸무게의 2~3배나 되는 양의 먹이를 먹어야 해요.

땃쥐는 대부분 침에 독이 있으며, 곤충이나 지렁이 등의 먹이를 물어서 독으로 얌전하게 만든 다음 잡아먹어요. 그중에서도 북부짧은꼬리땃쥐의 독은 특히 강력해요. 그 이유는 아마도 북부짧은꼬리땃쥐가 개구리나 쥐처럼 자기 몸에 비해 큰 먹이를 사냥하기 때문일 거예요. 먹이가 저항하면 크게 다칠 위험이 있기 때문에, 적은 양으로 먹이를 얌전하게 만드는 맹독이 사냥에 도움이 되는 것이지요.

땃쥐와 가까운 친척뻘인 두더지 중에도 침에 독을 가진 종류가 있어요. 바로 유럽두더지예요. 유럽두더지는 먹이(풍뎅이의 애벌레나 지렁이)의 머리를 물고 침의 독으로 마비시켜요. 그러면 먹이는 독에 마비된 채 한동안 죽지 않아요. 이렇게 유럽두더지는 먹이가 부족해지는 겨울을 대비하여 많은 먹이를 신선한 상태로 저장해 둔답니다.

독을 가진 두더지, 짧은꼬리땃쥐, 갈래니톱쥐 등을 포함한 '첨서목'은 커다란 공룡이 살았던 백악기에 등장한 오래된 무리야. 더 오래된 무리인 오리너구리에게도 독이 있는 걸 보면, 아주 옛날 포유류 중에는 독을 가진 것이 많았을지도 모르겠군.

Desmodus rotundus

흡혈박쥐

공격

피가 멈추지 않는 독

아무도 우리를 막을 수 없어.
먹이를 향해!

요즘은 소 등 가축의 피를 빨아요.

피를 빨면서 광견병을 옮기기도 해요.

기다려~

밤에 밖에서 자던 사람의 피를 빨기도 해요.

독 레벨 💀

- **분류:** 포유강 〉 익수목 〉 주걱박쥐과
- **크기:** 몸길이 7~9cm
- **분포:** 북아메리카 남부, 남아메리카
- **먹이:** 포유류의 피

박쥐 A: 저기, 우리 친구잖아? 박쥐 B: 혹시 배고픈 거야?

흡혈박쥐는 포유류의 피를 주로 먹는 박쥐예요. 잠자는 동물의 피부를 면도칼 같은 앞니로 긁어 흘러나오는 피를 핥아 먹지요.

이 식사 방법에 도움이 되는 것이 침에 포함된 독이에요. 흡혈박쥐의 침에는 피가 굳는 것을 막는 독이 포함되어 있어 30분 정도 계속 핥아도 상처에서 피가 멈추지 않아요. 흡혈박쥐는 자기 최대 몸무게의 절반 정도만큼 피를 빨아 먹어 몸이 무거워지지만, 폴짝 뛰며 이동하고 오줌을 많이 싸서 몸을 가볍게 한 다음에 날아가요.

이러한 독의 성질을 이용하여 약을 만들기도 해요. 피가 굳어 혈관이 막히는 병에 걸린 사람에게 이 약을 사용하면 '혈전(핏덩어리)'이 녹아 피가 맑아진답니다.

흡혈박쥐 무리는 동굴에서 살며, 어두워진 후에 피를 빨러 나가요. 하지만 잠자는 동물을 찾지 못하면 배를 곯은 채 돌아와야 하지요. 그럴 때는 피를 많이 빨고 돌아온 동료에게 부탁해서 피를 토하게 한 뒤 그것을 마시기도 해요. 다만, 이렇게 피를 받을 수 있는 것은 사이좋은 박쥐끼리만 가능한 것으로 보여요.

만약 이 독이 없다면 상처에서 나온 피가 굳어 금방 멈추기 때문에 먹이의 피부를 여러 번 긁어야 할 거야. 그러면 먹이에게 들킬 가능성이 높아지겠지. 그렇기 때문에 피를 빠는 행동과 침의 독이 짝지어 진화해 온 것이 아닐까?

Nycticebus coucang

늘보원숭이

방어

섞어서 사용하는 독

방어 자세를 갖춰라!

방어 자세예요. 이 자세라면 팔꿈치의 냄새샘을 바로 핥아 독을 만들 수 있어요.

동그랗게 몸을 말고 움직이지 않으면 나무처럼 보이고, 털에는 독이 묻어 있어서 안심이에요.

독이 있어도 뱀이나 오랑우탄에게 잡아먹혀요.

독 레벨 ☠☠☠

- **분류:** 포유강 〉 영장목 〉 로리스과
- **크기:** 몸길이 27~38cm
- **분포:** 동남아시아
- **먹이:** 수액, 과일, 곤충 등

이름처럼 움직임이 느릿느릿, 소리도 내지 않고 다가오지.

늘보원숭이의 팔꿈치 안쪽에는 냄새나는 액체가 나오는 '상완선'이 있어요. 이 액체는 '고양이 알레르기'를 일으키는 물질과 거의 같지만, 독이라고 할 정도는 아니에요.

또, 늘보원숭이의 침에는 독이 없지만 냄새나는 액체를 핥아 침과 섞으면 독으로 변해요. 이처럼 각각 독이 아닌 것을 섞어서 독으로 만드는 것은 매우 드문 행동이랍니다.

늘보원숭이는 털을 손질할 때 상완선의 액체를 핥아 독을 만들고, 온몸의 털에 이 독을 발라요. 그러면 포식자나 진드기 같은 기생충을 쫓아내는 효과가 있는 것 같아요. 실제로 구름표범이나 말레이곰 같은 포식자에게 냄새를 맡게 했더니, 상완선 액체의 냄새는 싫어하지 않았지만 침과 섞은 독의 냄새는 싫어했어요.

> 늘보원숭이는 각자 자신의 영역에서 살아가요. 그래서 자기 영역에 들어온 상대에게는 매우 공격적이며, 쫓아낼 때도 섞어 만든 독을 사용하는 것 같아요. 그걸 어떻게 알았느냐면, 로리스과 전체를 대상으로 한 조사에서 수컷의 약 57%, 암컷의 약 33%에게 다른 로리스에게 물려 독을 주입당한 상처가 있었기 때문이에요. 이걸 보면 암컷에게도 너그럽지 않은 것 같아요.

> 나는 20년도 더 전에 늘보원숭이에게 물린 적이 있어. 당시에는 늘보원숭이에게 독이 있다는 것이 알려지지 않았기 때문에 병원에는 가지 않았지만, 내가 무사했던 것은 운이 좋아서였던 것 같아. 독으로 인한 알레르기 증상으로 죽은 사람도 실제로 있다니까 말이야.

Mephitis mephitis

줄무늬스컹크

방어

엉덩이에서 내뿜는 **독**

독 레벨 💀💀

앗, 실례했어! 방귀가 그만…

독액을 쏘면 최대 5m 정도 날아가요.

마늘과 석유를 섞어 썩힌 듯한 냄새가 나요.

항문샘

스컹크과에는 12종이 있는데, 모두 냄새가 나요.

분류: 포유강 > 식육목 > 스컹크과
크기: 몸길이 25~40cm
분포: 북아메리카
먹이: 곤충, 과일 등

> 어떤 냄새를 좋아하는지는 사람마다 달라. 넌 어떤 냄새를 좋아하니?

스컹크의 방귀는 냄새가 아주 지독하다고들 하지요. 하지만 실제로 냄새가 나는 것은 방귀가 아니라 엉덩이 양쪽에 있는 '항문샘'에서 발사되는 액체랍니다.

항문샘이 있는 포유류는 적지 않지만, 그 냄새는 주로 동료와 의사소통하는 데 사용돼요. 포유류는 후각이 예민하기 때문에 냄새샘의 냄새를 여러 곳에 문질러서 영역을 주장하고 짝짓기할 상대를 찾기도 해요.

스컹크는 냄새샘의 냄새가 강렬하게 진화했어요. 게다가 이 냄새를 좋아해서 짝짓기하기 전에 서로 냄새를 맡고, 냄새가 지독할수록 매력적으로 느낀다고 해요. 이러한 취향의 결과로 자손의 냄새는 점점 더 지독해졌고, 독이라고 할 수 있는 수준까지 강해졌을 거예요.

스컹크의 독액을 뒤집어쓰면 두통이나 구토 등이 일어나고, 눈에 들어가면 타는 듯이 아파요. 이 독으로 죽지는 않지만, 강렬한 냄새를 한 번이라도 경험한 사람은 그 기억 때문에 스컹크를 공격하려는 생각은 두 번 다시 하지 않게 될 거예요. 다만, 포유류와는 달리 조류는 대부분 후각이 예민하지 않아요. 그래서 커다란 아메리카올빼미는 스컹크의 독액을 뒤집어써도 신경 쓰지 않고 먹어 버린다고 해요.

캐나다 밴쿠버에서는 밤이 되면 줄무늬스컹크가 생활 쓰레기를 뒤지러 나타나. 스컹크는 당당하게 거리를 돌아다니지만, 아무도 쫓아내려고 하지 않지. 독액이 피부에 닿으면 아무리 씻어도 1주일 이상 냄새가 없어지지 않거든. 그래서 아무도 가까이 가고 싶어 하지 않아.

Pitohui dichrous
두건피토휘

방어

새에게선 **처음으로 발견된 독**

하늘을 날지만 독을 갖고 있어.

척추동물 중에서 가장 강한 독을 가졌어요.

독 성분은 황금독화살개구리와 같아요.

우는 소리 때문에 '피토휘'라고 불려요.

독 레벨 ☠☠☠

- **분류:** 조강 > 참새목 > 꾀꼬리과
- **크기:** 몸길이 22~23cm
- **분포:** 뉴기니섬
- **먹이:** 곤충 등

> 음~ 완전 맛있네. 이 독맛 벌레, 너도 같이 먹지 않을래?

옛날 사람들은 독이 있는 새는 없다고 생각했어요. 그런데 1990년, 한 박물관에서 이상한 일이 일어났어요. 두건피토휘의 표본을 만지던 연구자들이 손이 마비되며 타는 듯한 통증을 느꼈던 거예요. 그래서 조사해 보니 이 새의 피부와 깃털에 맹독이 있다는 사실을 알게 되었어요.

두건피토휘는 독을 몸 안에서 만드는 것이 아니라, 먹이에서 얻어요. 두건피토휘는 이 독으로 몸에 달라붙는 진드기 등의 기생충이나 뱀 등의 포식자로부터 자신을 보호하는 것으로 보여요.

덧붙여서, 뉴기니 사람들은 옛날부터 이 새에게 독이 있다는 것을 알고 있었어요. 그래서 평소에는 먹지 않았지만, 사냥감을 잡지 못할 때는 어쩔 수 없이 두건피토휘의 피부와 깃털을 제거하고 먹는 경우도 있었다고 해요.

두건피토휘는 먹이에서 독을 섭취하여 피부와 깃털에 쌓아요. 두건피토휘가 먹는 독을 가진 먹이는 딱정벌레예요. 뉴기니에서는 그 밖에도 푸른머리휘파람새와 큰부리피토휘라는 독이 있는 새가 발견되었어요. 이들도 마찬가지로 독이 있는 곤충을 먹어서 몸에 독을 쌓는 것으로 생각돼요. 따라서 이러한 새들은 같은 종이라도 개체마다 독의 강도에 큰 차이가 있는 것 같아요.

오늘날 1만 종에 달하는 조류 중에서 독을 가진 것은 10종도 되지 않아. 독을 가진 새의 수가 왜 적은지는 알 수 없어. 다만, 독을 가진 몇 안 되는 조류는 뉴기니섬에만 있기 때문에, 이 섬의 환경이 독을 가진 조류를 진화시켰다고 해도 될 것 같아.

Sinornithosaurus millenii

시노르니토사우루스

공격

화석에서 발견된 독

믿거나 말거나 네 마음!

독 홈이나 관이 있는 독니는 부러지기 쉽지만, 공룡의 이빨은 몇 번이고 다시 자라요.

코브라나 바다뱀의 독니에도 홈이 있어요.

살모사나 방울뱀의 독니는 관 형태예요.

코모도왕도마뱀에게는 독니가 없고 잇몸에서 독이 스며 나와요.

독 레벨 ?

- **분류:** *석형류 > 용반목 > 드로마이오사우루스과
- **크기:** 전체 길이 약 90cm
- **분포:** 중국
- **먹이:** 육식

* 석형류: 파충류와 조류를 포함하는 조상형 동물 무리.

옛날 일을 상상해 봐. 정말 재밌어. 응? 그렇게 말하지 말라고?

시노르니토사우루스는 독을 사용하여 사냥했을 것으로 보여요. 아주 옛날에 멸종했는데 그걸 어떻게 알 수 있느냐고요? 이빨의 형태를 보고 상상할 수 있답니다.

물어서 독을 내뿜는 유형의 동물 중에는 독을 집어넣는 전용 '송곳니(독니)'를 가진 것이 있어요. 독니는 이빨의 뒷면에 가느다란 홈이 있는 유형과 이빨이 관 모양으로 되어 있는 유형으로 나뉘며, 이 홈이나 관을 통해 먹이의 몸에 독액을 집어넣어요.

시노르니토사우루스의 화석을 조사해 보니, 위턱 중간쯤에 있는 긴 송곳니의 뒷면에 가느다란 홈이 나 있었어요. 그러니 이것을 독니로 볼 수 있었지요. 송곳니 위에 작은 구멍이 있었을 거라는 이야기도 있어요. 그 이야기에 따르면 이 구멍에 독을 저장했을 가능성이 있다고 해요.

시노르니토사우루스에게 독이 없었을 거라는 의견도 있어요. 위턱의 긴 송곳니는 우연히 턱뼈에서 벗어나 길게 보였을 가능성이 있고, 홈이 있는 이빨은 가까운 친척뻘인 드로마이오사우루스 무리에게서도 흔히 볼 수 있기 때문이에요. 게다가 독을 저장했을 거라는 위턱의 구멍은 다른 연구자들의 조사에서는 확인되지 않았기에, 아직 독이 있는지 없는지는 결론이 나지 않았답니다.

시노르니토사우루스의 전체 길이는 약 90cm 정도로, 개보다 컸을지도 몰라. 하지만 전체 길이에는 꼬리가 포함되기 때문에, 기다란 꼬리를 빼면 닭보다 작은 정도였을 거야. 그런 사냥꾼에게는 독을 사용한 사냥이 효과적이었을 수도 있어.

167

생물 이외의 독

 광물의 독

 이 책에서 소개한 것은 독을 가진 생물이지만, 생물이 아닌 광물(미네랄)에도 독성이 있는 물질이 있어요. 이러한 것들을 일부러 먹는 일은 없지요. 하지만 마시는 물 또는 음식에 들어 있거나, 광산에서 공기 중에 있는 미세한 입자를 들이마셔 몸 안에 들어오는 경우도 있어요.
 예를 들어 수은, 납, 비소, 셀레늄, 탈륨, 카드뮴 등의 중금속은 아주 적은 양이라도 사람에게 해로워요. 이러한 것들은 순수한 물질이 아니라 '화합물'로서 자연환경에 존재하며, 오래전부터 여러 가지 용도로 사용되어 왔어요. 하지만 독성이 잘 알려지지 않았기 때문에 이용하다가 목숨을 잃는 경우도 있었지요.

진사 진사는 자연에 존재하는 광물로, 황화수은이 들어 있어요. 중국에서는 이것을 약으로 사용했지요. 진시황제가 진사를 불로장생의 약으로 믿고 마셨다고도 해요.

백분
옛날에는 화장할 때 얼굴을 하얗게 만들려고 백분이라는 가루를 발랐어요. 하지만 백분에는 납이나 수은이 들어 있어서, 오랫동안 사용하면 빈혈이나 경련, 뇌 장애 등이 일어나요.

독 때문에 많은 사람이 병에 걸렸어요

　사회 수업 시간에 배우는 '4대 공해병'이라는 병이 있어요. 이것들은 원래 환경에는 없던 독이 흘러나와 발생해요.

　'미나마타병'과 '니가타 미나마타병(제2 미나마타병)'은 공장 폐수에 들어 있던 '메틸수은'이 물고기와 조개의 몸에 들어갔고, 그것을 먹은 사람들이 걸린 병이에요.

　'이타이이타이병'은 광산에서 아연을 채굴할 때 나오는 '카드뮴'이 강으로 흘러 들어갔고, 그 강물을 이용한 사람들이 걸린 병이지요. 그리고 '요카이치 천식'은 공장에서 나오는 연기에 '아황산가스'가 포함되어 있었는데, 그 오염된 공기를 마신 사람들이 걸린 병이랍니다.

메틸수은 중독
신경에 장애가 생겨 걸을 수 없게 되거나, 말을 제대로 할 수 없게 되거나, 눈이 잘 보이지 않게 돼요.

카드뮴 중독
뼈가 약해져 재채기만 해도 뼈가 부러지고 오줌을 너무 많이 누게 돼요.

아황산가스 중독
목이나 폐 주변(기관지)이 아프고 숨 쉬기가 힘들어져요. 간에 큰 손상을 입는 경우도 있답니다.

석면
석면은 광석이지만 가느다란 섬유로 이루어져 있어서 천처럼 가공할 수 있어요. 게다가 불에 타지 않아서 램프의 심이나 건축 재료로 사용되지만, 석면에서 나오는 미세한 가루가 몸속에 들어가면 암 등의 질병을 일으키는 것으로 밝혀졌어요.

무기로 쓰이는 독

굉장히 무서운 일이지만, 인간은 전쟁에서 적을 싸우지 못하게 만들기 위한 독을 발명했어요. 바로 화학 무기인 '독가스'예요.

독가스는 단순히 독의 강도로 비교하면 생물의 독에 비해 그렇게 강하지는 않아요. 하지만 무기로 개발되었기 때문에 인간을 싸우지 못하게 만드는 데 효과적이랍니다.

예를 들어, VX 가스는 냄새가 없어 눈치채지 못하고 계속 들이마시게 되고, 그 결과로 증상이 나타났을 때는 이미 손쓸 수 없어요. 게다가 이 가스는 1주일 가까이 주변에 머무르며, 방독면을 쓰고 있어도 피부로 흡수되지요. 그러나 사람들은 점차 아무리 전쟁이라도 이러한 독가스를 사용하면 안 된다고 생각하게 되었어요. 결국 1997년에 '*화학무기 금지 조약'이 발효되었고, 현재는 대부분의 나라에서 독가스를 개발하거나 갖고 있지 못하게 되어 있어요.

겨자 가스

1859년에 독일에서 개발되었어요.
가스를 마시면 코나 눈 등의 점막이 손상될 뿐만 아니라, 후유증으로 암이 생길 수도 있어요.
제1차 세계 대전과 제2차 세계 대전에서 사용되었어요.

사린 가스

1938년에 독일에서 개발되었어요.
이 가스를 마시거나, 이 가스가 피부에 닿으면 신경이 마비돼요.

*이스라엘, 북한, 이집트, 남수단 4개국은 이 조약에 동의하지 않았어요.

여러 가지 물질의 독성

 마지막으로, 주요 생물과 무생물의 독성 강도를 비교해 보아요. 생물의 독 중에는 엄청나게 강력한 것이 있다는 것을 알 수 있을 거예요. LD_{50}은 몸에 들어가면 죽는 독의 양인 치사량 기준이에요. 자세한 내용은 120쪽을 참고하세요.

> **VX 가스**
> 1952년에 영국에서 개발되었어요. 사린 가스보다 강력하게 신경을 마비시키는 독이에요. 2017년 말레이시아 공항에서 북한 김정남 씨 살해에 사용되었어요.

독의 종류	LD_{50} (mg/kg)	유래
보툴리누스균	0.0000011	생물유래
파상풍균	0.000002	생물유래
감비에르디스쿠스	0.00017	생물유래
호주상자해파리	0.00025	생물유래
다이옥신	0.0006	화학물질
두건피토휘	0.002	생물유래
복어	0.01	생물유래
VX 가스	0.015	화학물질
인랜드타이판	0.025	생물유래
투구꽃	0.3	생물유래
독우산광대버섯	0.4	생물유래
사린	0.5	화학물질
아비산(비소의 화합물)	2	광물유래
청산가리	5~10	화학물질
니코틴	7	생물유래
염화수은	26~78	광물유래
암모니아	50	화학물질
카페인	200	생물유래
알코올	5,000~14,000	화학물질

독은 사용 방법에 따라 사람에게 해를 끼칠 수도 있고, 약이 될 수도 있어. 독과 어떻게 친해질지 곰곰이 생각해 보자고!

마치며
: 독의 진화

 이 책에서는 독이 있는 생물이 '어째서, 어떻게, 왜 독을 진화시켰는가?'를 중요하게 다루었어요.

 진화는 어떤 목적을 가지고 이루어지는 것이 아니에요. 따라서 "적에게 먹히지 않으려고 독이 진화했다."라는 말은 사실 잘못된 표현이지요. 독을 가진 생물들은 우연히 생겨났으니까요. 독을 가진 개체가 우연히 태어났는데 그 독이 살아남는 데 유리하다면, 그 개체는 많은 자손을 남기게 돼요. 그리고 그 자손은 독을 가진 채로 진화하게 되지요. 이렇게 진화는 우연이 쌓이고 쌓여 이루어져요.

 이 책의 감수는 특별전 '*독'의 감수를 맡았던 국립과학박물관 선생님들께서 맡아 주셨어요. 이처럼 각 분야의 전문가에게 감수받을 수 있는 것은 흔한 일이 아닌데, 덕분에 내용이 매우 풍부해졌어요.

＊ 2022~2023년에 국립과학박물관과 오사카시립자연사박물관에서 개최되었어요.

독에 대해 부정적인 생각도 많고, 독을 가진 생물을 두려워하는 사람들도 많아요. 독도 생물이 진화하는 과정에서 우연히 얻게 된 생존 수단 중 하나예요. 세상에 있는 수많은 독을 통해 생물의 신비함을 알아주신다면 감사하겠습니다.

마루야마 타카시

색인 (가나다 순)

가시환각버섯 · · · · · · · · · · 143
감비에르디스쿠스 · · · · · 144, 171
감자 · · · · · · · · · · · · · · · · · 134
겐지반딧불이 · · · · · · · · 58, 59
겨자 가스 · · · · · · · · · · · · · 170
고라이어스나비 · · · · · · · · · · 45
광대버섯 · · · · · · · · · · 101, 141
그리닝스개구리 · · · · · · · · · · 40
기름치 · · · · · · · · · · · · · · · · 94
까치독사 · · · · · · · · · · · · · · 47
꼬마꽃벌 · · · · · · · · · · · · · · 67
꽃반딧불이 · · · · · · · · · · · · · 58
꿀벌독화살개구리 · · · · · · · · 81
노랑가오리 · · · · · · · · · · · · · 98
녹색독화살개구리 · · · · · · · · 81
늘보원숭이 · · · · · · · · · · · · 160
니코틴 · · · · · · · · · · · 103, 171
니트로글리세린 · · · · · · · · · 148
달걀버섯 · · · · · · · · · · · · · 142
담배 · · · · · · · · · · · · · · · · · 103
대마 · · · · · · · · · · · · · 103, 150
대보초청자고둥 · · · · · · 116, 122
데스모테플라제 · · · · · · · · · 149
도르니왕침노린재 · · · · · · · · · 52
독우산광대버섯 · · · · · · 141, 171
독화살코브라 · · · · · · · · · · · 28
두건피토휘 · · · · · · 123, 164, 171
라텔 · · · · · · · · · · · · · · · · · 45
마귀곰보버섯 · · · · · · · · · · 143
마우이모래말미잘 · · · · · · · 123
매끈이송편게 · · · · · · · · · · 118
메틸수은 · · · · · · · · · · · · · 169
멕시코독도마뱀 · · · · · · · · · · 24
무당벌레 · · · · · · · · · · · · · · 81

미어캣 · · · · · · · · · · · · · · · 45
뮐러형 의태 · · · · · · · · · · · · 83
밀복 · · · · · · · · · · · · · · · · · 92
바늘두더지 · · · · · · · · · · · 155
바다민달팽이 · · · · · · · · · · · 81
반시뱀 · · · · · · · · · · · · · · · 32
배불뚝이연기버섯 · · · · · · · 143
배잘록땅벌 · · · · · · · · · · · · 82
배추나비고치벌 · · · · · · · · · 63
백분 · · · · · · · · · · · · · · · · 168
뱀장어 · · · · · · · · · · · · · · · 96
베이츠형 의태 · · · · · · · · · · 83
보톡스 · · · · · · · · · · · · · · 148
보툴리누스균 · · · · · · · · · · 146
복어 · · · · · · · · · · · · · · · · 100
부자 · · · · · · · · · · · · · · · · 149
북부짧은꼬리땃쥐 · · · · · · · 156
불개미 · · · · · · · · · · · · · · · 67
붉은달걀광대버섯 · · · · · · · 142
붉은띠알락나방 · · · · · · · · · 83
붉은사슴뿔버섯 · · · · · · · · 138
붉은창싸리버섯 · · · · · · · · 142
사린 가스 · · · · · · · · · · · · 170
사탕수수두꺼비 · · · · · · · · · 36
삼나무 · · · · · · · · · · · · · · 136
상자해파리 · · · · · · · · · · · 123
서양꿀벌 · · · · · · · · · · · · · · 67
석면 · · · · · · · · · · · · · · · · 169
세모니장식말미잘 · · · · · · · 110
소혀버섯 · · · · · · · · · · · · · 140
쇼킹핑크드래곤노래기 · · · · · 78
수확개미 · · · · · · · · · · · · · 67
스즈키긴꽃등에 · · · · · · · · · 83
스톤피시 · · · · · · · · · · 81, 86

시노르니토사우루스	166	칠성무당벌레	81
쌍살벌	67	카드뮴	168
쏠배감펭	88	카페인	171
쏠종개	90	캘리포니아도롱뇽	43, 122
아마미식초전갈	74	코모도왕도마뱀	22
아마존왕지네	76	큰멧돼지풀	132
아비산	171	큰호랑하늘소	83
아황산가스	169	킹코브라	26
악마불가사리	112	타란툴라 호크	67
알코올	102, 171	테스모테플라제	149
암모니아	171	투구꽃	126
애리조나나무껍질전갈	70	파란선문어	114, 122
애어리염낭거미	72, 123	팽이버섯	140
양귀비	151	포이즌 리무버	46
양봉꿀벌	65	폭탄먼지벌레	60
에라부바다뱀	30	푸른갯민숭달팽이	81
염화수은	171	플란넬나방	50
오리너구리	154	헤이케반딧불이	59
외대버섯	143	협죽도	128
원앙	81	호리병벌	64
유칼립투스	130	호박벌	67
유혈목이	34	호주상자해파리	106
은행	101	화경솔밭버섯	143
인랜드타이판	122, 171	황금독화살개구리	38, 123
일본꿀벌	82	황말벌	82
일본얼룩배영원	42	황줄잎벌	62
작은부레관해파리	108	흡혈박쥐	158
줄무늬스컹크	162	흰다리전갈하늘소	54
진드기	68	흰독말풀	150
진사	168	LD_{50}	120
청가뢰	56	VX 가스	171
청딱지개미반날개	56		
청산가리	171		
총알개미	66		

감수 **일본국립과학박물관**

1877년에 설립되어 일본에서 가장 역사가 깊은 박물관 중 하나이며, 자연사 및 과학기술사에 관한 유일한 국립 종합 과학 박물관입니다. 일본 및 아시아의 과학계 박물관의 중요한 시설로서 주요 3가지 활동(조사 연구, 표본 및 자료 수집·보관, 전시·학습 지원)을 추진하고 있습니다.

저자 **마루야마 타카시**

1971년 도쿄에서 태어났어요. 생물의 재미난 점을 널리 알리기 위해 도감을 만들고 있어요.

《어째서 그렇게 되었을까!? 생물의 이름》(집필/료쿠쇼보),
《동물의 고환학》(집필/료쿠쇼보),
《이유가 있어서 멸종했습니다.》(집필/다이아몬드샤),
《안타까운 생물 사전》(집필/타카하시쇼텐),
《이제 와서 공룡 입문》(집필/세이토샤),
《태어났을 때부터 안타까운 동물도감》(감역/다이아몬드샤),
《세계 진귀한 동물도감》(편집/진루이분카샤),
《박쥐 관찰 북》(편집/진루이분카샤),
《바퀴벌레니까》(편집/겐토샤 코믹스) 등

그림 **아베 타미오**

1970년 시가현에서 태어났어요. 타마미술대학에서 그래픽 디자인 전공으로 졸업한 후, 오누키 디자인, 유니버설 엔터테인먼트를 거쳐 프리랜서 일러스트레이터 겸 그래픽 디자이너로 활동하고 있어요. 캐릭터 제작을 중심으로 광고, 패키지, 그래픽 전반에 걸쳐 활약 중이에요. 2016년부터 요코하마 미술대학에서 겸임 강사로 일하고 있어요.

요미우리 자이언츠 엠블럼, 토하토 'mobi', 스타플라이어 안전 비디오 '플라이어 닌자', 올림픽 캐릭터 '토코톤', Instagram '랏--코', 웹 애니메이션 '도쿄 카니코' 작화 등.

번역 **임희진**

고려대학교 문예창작학과와 일어일문학과에서 글쓰기와 일본어를 공부했습니다. 어린이 도서 감수와 독서 논술 교재 집필 부문에서도 활발히 활동하고 있습니다.

《나만의 인형 놀이! 코디 종이접기》, 《귀엽고 예쁜 프린세스 종이접기》, 《도전! 마법 용사 종이접기 대모험!》, 《둘리틀 선생 항해기》

한국어 감수 **한영식**

다양한 곤충의 세상에 매료되어 곤충을 탐사하고 연구하는 곤충연구가로, 현재 곤충 생태교육연구소 〈한숲〉 대표로 활동하고 있어요. 숲 해설가, 유아 숲 지도사, 자연환경 해설사 양성과정 등 자연교육을 진행 중이며 KBS, SBS, EBS 등의 다큐 방송에 자문을 제공하고 있어요.

《여름 숲속에서 반딧불이가 반짝여!》, 《곤충 학습 도감》, 《봄·여름·가을·겨울 곤충도감》, 《신기한 곤충 이야기》, 《곤충 쉽게 찾기》, 《쉬운 곤충책》, 《궁금했어, 곤충》, 《우리와 함께 살아가는 곤충 이야기》 등

2025년 7월 25일 1판 1쇄 발행

저자 마루야마 타카시 | 그림 아베 타미오 | 번역 임희진 | 한국어 감수 한영식
펴낸이 문제천 | 펴낸곳 ㈜은하수미디어 | 편집진행 문미라 | 편집 김세영, 방기은
편집지원 김혜영 | 디자인 정수연, 김해은 | 제작책임 문제천
주소 서울시 송파구 송이로32길 18, 405 (문정동, 4층)
대표전화 (02)449-2701 | 팩스 (02)404-8768 | 편집부 (02)3402-1386
출판등록 제22-590호(2000. 7. 10.)
©2025, Eunhasoo Media Publishing Co., Ltd.

毒図鑑 生きていくには毒が必要でした。
〈DOKUZUKAN IKITEIKUNIWA DOKU GA HITSUYO DESHITA〉
Text copyright © Takashi Maruyama 2024
Illustrations copyright © Tamio Abe 2024
Supervise by National Museum of Nature and Science, Tokyo
First published in Japan in 2024 by Gentosha, Inc.
Korean translation rights arranged with Gentosha, Inc.
through JM Contents Agency Co.
Korean edition copyright © 2025 by Eunhasoo Media Publishing Co., Ltd.

이 책의 한국어판 저작권은 JMCA 에이전시와 독점 계약한 ㈜은하수미디어에 있습니다.
저작권법에 의해 한국 내에서 보호를 받는 저작물이므로 무단 전재 및 무단 복제를 금합니다.

주의! 종이가 날카로워 손을 베일 수 있으므로 주의하십시오.
파본은 구입처에서 교환해 드립니다. 사용 중 발생한 파손은 교환 대상에 해당되지 않습니다.

* 사진 출처 ⓒ wikimedia commons